AU PAYS
DES CAFRES & DES ZOULOUS

In-12 — 1re Série.

Deux guerriers

AU PAYS

DES

CAFRES ET DES ZOULOUS

PAR

ROGER GUÉRIN

LIMOGES

Marc BARBOU et Cie, Imprimeurs-Libraires

Rue Puy-Vieille-Monnaie.

—

1886

CHAPITRE Ier

Notions générales sur l'Afrique.

§ I

GÉNÉRALITÉS

L'Afrique est la partie de l'ancien continent la moins connue à l'intérieur, bien que ses rivages aient été depuis trois mille ans visités par les navigateurs de l'antiquité, et que dès le xveᵉ siècle, les Portugais nous aient donné des notions exactes sur toutes les côtes de cette immense presqu'île, en ouvrant avec Vasco de Gama un chemin aux Indes, par le cap de Bonne-Espérance. Les Romains et les Grecs n'avaient pénétré que dans le nord; les Phéniciens passaient pour en avoir fait le tour, et nous en avons, du Carthaginois Hannon, une relation connue sous le titre grec de *Périple d'Hannon*, qui laisse cependant, même pour les savants, de grandes incertitudes sur le point où s'étaient arrêtées les investigations de ce navigateur.

Si les voyages hardis de Bruce en Abyssinie, ceux de Hougton, de Mungo Park, Burkhard, Caillaud, celui de Caillé à Tombouctou, de Combes et de Tamisier en Nubie et en Abyssinie, celui du docteur Livingstone, et les découvertes plus récentes de Brazza et Stanley nous ont édifié sur quelques points importants de ces mystérieuses contrées, elles n'en sont pas moins jusqu'à présent restées fermées au commerce et à la civilisation plus qu'aucun pays du monde.

§ II

MERS, FLEUVES ET RIVIÈRES

C'est dans la configuration du continent, dans la singularité de sa nature physique qu'il faut chercher la raison du mystère dont l'Afrique continue à être entourée. Au nord, isolée de l'Europe par le détroit de Gibraltar, à l'ouest, de l'Amérique, par les océans Atlantique et Ethiopien, elle ne se rattache à l'Asie et à l'ancien continent que par l'étroit passage de Bal-el-Mandeb, puisque le génie de M. Ferdinand de Lesseps a supprimé l'isthme de Suez et créé le canal gigantesque qui sert de communication entre la Méditerranée et l'Océan par la mer Rouge. Trois

1.

fois aussi grande que l'Europe, d'ailleurs, cette vaste péninsule, qui comprend — entre le 27e degré de latitude nord et le 35e de latitude sud, entre le 20e de longitude ouest et le 49e degré de longitude est, — environ 8,000 kilomètres de longueur du nord au sud, et 7,500 kilomètres de largeur de l'est à l'ouest, plus de 1,750,000 lieues carrées, n'offre ni déchirures profondes, comme celles qui entrecoupent l'Asie et l'Europe, ni ports, ni rades, asiles naturels des vaisseaux, très peu de rivières de long cours et d'une facile navigation, pas de golfe ni de mer méditerranée qui puisse ouvrir un chemin vers cette masse de terres. Vers le milieu de la côte septentrionale seulement, la Méditerranée pénètre dans le continent pour former un enfoncement partagé en deux golfes, ceux de la Sidr et de Gabès (grande et petite Syrte des a ...s) ; et sur la côte occidentale, l'océan Atlantique découpe dans les terres une vaste échan-

crure, le golfe de Guinée, qui comprend
les deux golfes de Bénin et de Biafra.
Encore ces deux échancrures présentent-
elles, entre leurs deux points extrêmes, une
largeur de plus de 650 lieues.

Plus accessible aux vaisseaux sur la
côte du Sénégal et de la Guinée, en raison des embouchures de rivières plus mul-
tipliées et mieux protégées par des îles,
l'Afrique reprend au sud ses masses de
terres sans coupures, et à l'est ses formidables terrasses de montagnes arides,
qui en ferment l'intérieur, et son inabor-
dable uniformité de terrains contigus, à
peine interrompue au nord-est par le golfe
arabique, barrière plutôt que point de
jonction entre elle et l'Asie. Ajoutons que
quatre formidables promontoires projet-
tent comme des boulevards avancés,
au nord le cap Serra dans la Méditerranée, le cap Vert à l'ouest, le cap Gardafui
à l'est, et le cap de Bonne-Espérance au
loin dans l'hémisphère austral, et à l'inté-

rieur de loin en loin, seulement quelques grands fleuves comme au nord-est, sur le versant méditerranéen, le Nil, formé par le Bahr-el-Abiad ou Nil Blanc et le Bahr-el-Azrak ou Nil Bleu ; d'autres, moins considérables sur le même versant, le Medjerda, le Chélif, le Malouïa ; et sur le versant de l'Atlantique à l'ouest, le Sénégal, la Gambie, le Rio-Grande, le Dialiba, Kouara ou Niger qui, parti du centre, se jette dans le golfe de Guinée par plusieurs points, circonstance qui a fait dire longtemps que son embouchure mystérieuse était ignorée ; le Zaïre ou Coango, le Coanza, l'Orange ou Gariep. Quant à ceux qui se déversent dans l'Océan Indien, tels que le Zambèze ou Cuama, le Luvuma, le Loffie ou Loufidji, le Dana, le Djoub, ils sont encore inconnus dans la plus grande partie de leur cours. Encore tous ces fleuves sont-ils embarrassés dans leurs cours de cataractes nombreuses et de barres de sable à leur embouchure, qui entravent la

navigation. Puis, dans les espaces sans
fin qui les séparent entre eux, ce sont des
rochers arides sans eaux jaillissantes,
des plateaux sans ruisseaux, comme le
Sahara; d'immenses lacs stagnants, comme le Tchad, traversé, lui du moins, par
le Chari, son tributaire; le lac Filtré, le
Melghig près de l'Atlas et le lac Dembéa;
à l'ouest le lac Dibbie, le lac Tagaïka ou
D'oujiji, le lac N'yassi, le lac N'gami, le
lac Nianza, qu'on croit être la source du
Nil blanc; enfin des marécages considérables formés par les pluies torrentielles
de ces climats et les inondations des fleuves, d'un caractère tout spécial dans ces
contrées.

§ III

MONTAGNES

La nature singulière de l'hydrographie

africaine, si hérissée de difficultés pour le
voyageur, si féconde en ferments pestilen-
tiels, se lie intimement à l'orographie générale et à la structure particulière des
montagnes, d'où les fleuves descendent
dans les plaines. En allant de l'isthme de
Suez au cap de Bonne-Espérance, on
voit bien s'étendre, du nord-est au sud-
ouest, une espèce de chaîne de montagnes, la plus importante pour le par-
tage des eaux tributaires, les unes de l'o-
céan Indien, les autres de l'Atlantique et
de la Méditerranée; ce sont les monts Ara-
biques ou chaîne Troglodytique, au nord-
est, avec ses falaises calcaires, très propres à faire illusion à l'œil, mais en réa-
lité d'une médiocre élévation. On y remarque les montagnes de l'Abyssinie, dont
les parties les plus hautes, les monts de
Semen, ont reçu vers le centre le nom de
montagnes de la Lune, à peu près inconnue
des géographes, aussi bien que leur prolongement vers le sud. On a présumé que

cette chaîne était formée sur une certaine étendue, par les monts Kénia et Kélimand-jaro, découverts depuis peu de temps ; mais très imparfaitement suivie, comme on le voit dans son parcours, elle a sem-blé se relever, en s'approchant du cap de Bonne-Espérance, sous le nom de Sneu-werg et de Nieuweld. Sur sa limite méri-dionale du versant méditerranéen, un au-tre groupe de montagnes importantes, l'Atlas, est plutôt une série de cinq ou six chaînes étagées l'une derrière l'autre en plateaux successifs qu'une chaîne pro-prement dite. Enfin, du nord-e t au sud-sud-ouest dans le sud-est de l'Afrique, les monts Lupata, l'*épine du monde*, parais-sent réunir le cap Gardafui au cap de Bon-ne-Espérance, où ils se terminent par des plaines élevées et stériles, nommées les Karros, et par des montagnes escarpées, mais aplanies au sommet, dont une même a reçu le nom significatif de la Table. Dans la partie occidentale, les monts Kong ne

sont que de vastes agglomérations calcaires, découpées en terrasses, sans vallées
longues et profondes, qui forment ailleurs
les débouchés naturels des fleuves réduits
ici à gagner les contrées basses de sauts
en sauts et de cataractes en cataractes.

Ainsi, bien qu'on puisse supposer à l'A-
frique des montagnes qui, sous l'équateur
même, conservent des neiges éternelles et
atteignent une hauteur de 16,000 pieds,
le caractère commun de toutes les montagnes connues, leur forme et leur assiette
n'en ont pas moins conduits à penser que
les montagnes, dans cette presqu'île, n'arrivent à un niveau considérable qu'en s'é-
levant lentement de terrasse en terrasse,
de manière à ne former pour tout le continent africain qu'un seul plateau qui, de
tous côtés, présente des esplanades conti-
guës, sans pentes ménagées entre elles
pour l'écoulement normal des eaux. De
sorte que si la mer haussait de trois à quatre mille pieds son niveau, l'Afrique inon-

dée dans ses terres, serait dans l'Océan comme une île d'un sol assez uni.

Cette physionomie générale de l'orographie explique aussi le caractère original et peu hospitalier du continent africain dans son contour. Point de presqu'îles, en effet, étroites et pointues, et, à l'exception des Canaries, point de ces séries d'îles qui terminent d'ordinaire les autres continents. Les presqu'îles et les longues chaînes d'îles ne sont ailleurs que des prolongations sous-marines des montagnes qui traversent les continents. En Afrique, les montagnes en gradins n'ont point de continuation sous-marine. Une mer dégagée d'îles borde une côte peu découpée. Madagascar, parallèle au continent, n'est point dans son prolongement.

§ IV

CLIMAT

Les plaines de l'Afrique ne sont guère plus hospitalières que les montagnes. D'incommensurables déserts de sable et de gravier, incrustés de coquillages marins, de véritables bassins de mers desséchées, tels que le Sahara, où le sirocco soulève des tempêtes de sables qu'il roule, comme une houle, sur les tribus ensevelies dans leur oasis; ailleurs des marécages stagnants, foyers continuels d'émanations pestilentielles et refuges d'animaux malfaisants et de reptiles repoussants : voici l'aspect général de cette péninsule, où les fleuves ne trouvant ni pente ni issue, se perdent dans le sable, ou se creusent en lacs sans utilité pour les communications, quand ils ne dévastent pas tout par leurs crues périodiques. On sait, en effet, que, dans toute la zone torride , la présence verticale du soleil amène des averses presque continuelles. Le ciel, enflammé d'abord, se fond en cataractes ; les eaux se rassemblent sur les plateaux intérieurs en lacs immenses, qui, arrivés aux limites de leur bassin, déversent tout à coup dans les fleuves déjà gonflés un énorme volume d'eau. Longtemps restés en stagnation sur des terres molles qu'elles ont détrempées, ces eaux s'en sont chargées et peuvent, comme le Nil, à l'époque périodique de leurs crues annuelles, devenir une cause de fécondité par le limon qu'elles déposent sur le sol. Mais le plus souvent elles désolent sans profit.

Dévoré par le soleil de la zone torride , rien ne tempère la chaleur et la sécheresse du climat africain, que les pluies annuelles,

les vents de la mer et l'élévation du sol.
Ces trois conditions s'y trouvent quelquefois réunies à un plus haut degré sous l'é-
quateur que dans les zones tempérées, ce
qui fait que, dans la Nigritie', la Guinée
ou l'Abyssinie, la température est dans
certaine partie moins brûlantes que dans
les déserts qui avoisinent l'Atlas, cependant à trente degrés de la ligne équino-
xiale. Il ne serait donc pas étonnant qu'on
y découvrît, comme à Quito, de hauts plateaux; comme à Cachemire, des vallées
où règne un printemps perpétuel. D'autres causes accidentelles, des eaux jaillissantes dans le désert, des langues de terre
entre deux branches d'un fleuve, peuvent
revêtir certaines parties d'un caractère particulier, qui tranche sur la physionomie
générale, et former des oasis ou des
deltas.

———————

§ V

VÉGÉTATION

Et cependant ce pays si bizarrement doué, si fermé, si inhospitalier àl'étranger et à l'homme indigène, est le plus fécond du monde quand l'humidité s'unit à la chaleur, comme à Tunis. La terre y fournit sans peine des aliments en abondance.

Le froment, le sorgho, l'orge, le dourah, le maïs, se prodiguent dans le nord avec une profusion et une magnificence inconnues ailleurs. Le riz vient partout, c'est l'aliment le plus essentiel de la population. Le manioc, les ignames appartiennent aux contrées équinoxiales; le dattier se plaît dans les sables du nord; les orangers, les citronniers, les cédratiers foisonnent vers la Méditerranée ; les pamplemousses préfèrent le sud, la vigne ne se montre guère qu'aux extrémités septentrionales et méridionales, mais avec quelle exubérance et quelles dimensions colossales !

Les forêts y déploient un luxe de végétation qui n'a rien à envier à l'Italie, à l'Espagne, ni à l'Amérique. Le cocotier, le palmier Elaïs, qui donne l'huile de palme, le bananier, y sont d'une ressource merveilleuse. Quant aux parties marécageuses, arides, sablonneuses ou pierreuses, c'est-à-dire la grande moitié de l'Afrique, la végétation sans culture n'y offre qu'une physionomie dure et bizarre. Les touffes de plantes salines hérissent des plaines dont aucun gazon ne couvre la nudité. Des arbrisseaux épineux, des espèces d'acacias qui donnent la gomme arabique et de mimosas présentent d'impénétrables fourrés. Les euphorbes, les cactus, les arums, désolent le regard de leurs formes bouffies, roides et épineuses. Le *chi*, ou arbre à beurre, l'énorme baobab, le plus gros des arbres, le difforme dragonnier, n'ont ni grâce ni majesté. Le bombax, le figuier indien, le séné, le cafier indigène dans les contrées orientales, la canne à sucre, l'indigotier, le cotonnier, l'arachide, sont encore comptés parmi les importantes productions de l'Afrique.

§ VI

MINÉRAUX ET ANIMAUX

De toutes les parties de l'ancien continent, la plus riche en or est certainement l'Afrique ; ce métal s'y trouve surtout sous la forme de poudre. Il y a du fer, du cuivre, de l'argent. Le sel y est commun dans les plaines désertes. Mais ce qui fait la gloire éternelle de cette nourricière des lions, comme l'appelaient les anciens, c'est la richesse et la variété de son régne animal.

La plupart des espèces de l'ancien continent et les variétés les plus vigoureuses se retrouvent dans l'Afrique, comme le cheval de Barbarie, le buffle du Cap, le mulet du Sénégal et le zèbre. Le lion y est plus beau que partout ailleurs ; l'éléphant et le rhinocéros, moins gros qu'en Asie, y sont plus agiles et plus indomptables. Le chameau y semble indispensable. Beaucoup d'autres espèces sont particulières à ce continent : l'hippopotame, la girafe, les gazelles, les antilopes.

L'Afrique, remplie de difformes guenons et de répugnants babouins, manque de plusieurs espèces de singes, réservées à l'Océanie, comme l'orang-outang, ou à l'Amérique, comme les sapajous. La civette, l'autruche, la grue, le coucou, le perroquet, l'ibis, le flammant, en sont les oiseaux les plus remarquables, comme les sauterelles et les termites ou fourmi blanches, les insectes les plus destructeurs. Ajoutons que l'Afrique, comme toute la zone torride, a ses reptiles venimeux ou voraces, ses serpents, ses scorpions et ses crocodiles.

Mais les termites n'élèvent nulle part, si ce n'est en Nouvelle-Hollande, autant de bâtisses destructives, et les essaims de sauterelles planent en nuages moins épais sur le plateau d'Asie que sur celui d'Afrique, où ils servent de nourriture à des tribus entières. L'Afrique, d'ailleurs, offre toujours quelques nouvelles formes animales, comme dit le vieil adage. Les découvertes de l'avenir éclaireront peut-être sur quelques animaux extraordinaires dont parle toute l'antiquité, mais que la critique moderne, peut-être trop défiante, a relégués dans la sphère des monstres fabuleux.

2

§ VII

RACES DIVERSES

Trois races d'hommes principales, très distinctes entre elles, paraissent avoir été appelées à régner sur ce domaine extraordinaire. Celle des trois qui se rapproche le plus des nations de l'ancien continent est la race maure. Taille, physionomie, cheveux, couleur brunie par les ardeurs du climat, tout en elle rappelle les peuples d'origines asiatiques. Les Berbers et les Kabyles n'en sont qu'une variété qu'est venue, à diverses reprises, croiser l'invasion arabe. Les Coptes, les Nubiens et les Abyssiniens sont regardés comme un mélange des nations africaines et asiatiques. La seconde, la plus originale et la moins belle, est la race nègre. Pas de cheveux, de la laine; front fuyant, nez aplati, lèvres épais-

Maure.

ses, teint noir : tels sont les caractères distinctifs de cette race. Tout le centre de l'Afrique, l'occident, du Sénégal au cap nègre, d'où elle a passé en Nubie et en Egypte, lui appartiennent.

La côte orientale est occupée par la troisième, celle des Cafres, type perfectionné de la race nègre. L'angle facial y est moins obtus, le front droit, ainsi que le nez; mais les lèvres sont épaisses, les cheveux crépus et presque laineux, et le teint varie du brun jaunâtre au noir clair. A côté, on trouve d'autres peuplades d'un caractère particulier, comme les Hottentots, qui se rattachent difficilement aux types qui les avoisinent.

§ VIII

RELIGION

Le nombre des idiomes parlés de ces peuples, depuis le système de gloussements et

de sifflements bizarres jusqu'à la langue des
Berbers sur toute la côte septentrionale,
est impossible à déterminer. Quant aux
systèmes religieux, suivis par ces races
diverses, on peut les ramener à trois formes générales : le fétichisme, qui domine
parmi les races noires, sorte de déification
de toutes les forces naturelles, de panthé-
isme primitif ; le mahométisme, importé
par les Arabes et développé jusqu'au centre
de l'Afrique, mais particulier à l'Egypte et
à la Barbarie ; le christianisme enfin, in-
troduit au IVe siècle en Ethiopie, conservé
jusqu'à nos jours en Abyssinie et établi
avec la conquête française depuis trente
ans dans l'Algérie.

La civilisation y a suivi, comme partout, une marche progressive marquée,
un perfectionnement gradué dans les systèmes religieux. Le fétichisme, souvent
anthropophage, a fait place aux théocra-
ties de Méroé et de la haute Egypte, et la
vie sauvage et isolée aux grandes organi-

2.

sations politiques. A Memphis, à Thèbes des temples s'élevèrent ; le sauvage y vint adorer la statue d'un dieu à tête de chien ou a bec d'oiseau, souvenir perfectionné de son grossier fétiche. Il abandonna ses cabanes bâties en troncs de palmier, tailla le granit en colonnes, grava des hiérogly- phes sur le porphyre, et acheva lentement ces monuments qui bravent les siècles. L'utile ne fut pas oublié ; l'eau sacrée du Nil, retenue par des digues, distribuée par des canaux, féconde les champs jadis aban- donnés aux joncs et aux roseaux. Cepen- dant les caravanes, protégées par le nom des dieux, remontaient le Nil et pénétraient dans les vallons les plus reculés de l'Éthio- pie, recueillant partout l'or et l'ivoire.

§ IX

CIVILISATION

La caste des guerriers renversa l'ancien

ordre théocratique. Les Pharaons étendi-
rent leur action au loin, et l'Egypte, devenue un grand et florissant empire, fut l'un
des berceaux de la civilisation antique.

Carthage , dans l'occident, se lia intimement avec les peuples de la race maure
ou berbère, dont ils développèrent l'ap-
titude pour la guerre en levant parmi eux
leurs troupes légères, mais ils n'exercè-
rent qu'une influence indirecte et bien
lointaine sur les nègres. Abandonnée à sa
nature indolente, cette race fit peu de progrès. Le gouvernement des petits patriar-
ches despotes céda la place à des monar-
chies plus étendues. Dans les associations
mystérieuses de quelques nations de la
Guinée, ont vit revivre l'esprit des prêtres
de Méroé. Le changement le plus essentiel que subit la constitution civile de
l'Afrique fut la distinction établie entre
les esclaves et les hommes libres. Cette distinction se retrouvait chez les Grecs et chez
les Romains, avec des caractères aussi

odieux, aussi inhumains que dans l'Afrique; mais en Europe, elle disparut avec le christianisme; ici, elle s'est perpétuée.

Les Romains ne communiquèrent qu'avec les peuples du Fezzan, de la Nubie, et fort tard avec l'Abyssinie ou le royaume d'Axum. Le christianisme ne fit guère que passer en Afrique, au moyen âge. Il était réservé au mahométisme d'opérer un changement dans la marche de la civilisation africaine; monté sur l'infatigable et rapide dromadaire ou sur de légères embarcations, l'aventureux Arabe courait planter l'étendard de son prophète jusqu'aux bords du Sénégal et jusqu'aux rivages de Sofala. Aucun peuple ne réunissait plus de qualités pour conquérir et pour conserver l'empire de l'Afrique. Ils trouvaient dans les Mauritaniens et les Numides des amis naturels. Mœurs, aliments, climat, tout les rapprochait. Le fanatisme mahométan devait étonner et subjuguer les imaginations ardentes des Africains; la simplicité de la croyance musulmane convenait à leur intelligence bornée et s'alliait sans peine aux superstitions du fétichisme, aux idées de ces peuples sur la magie et les enchantements. L'Afrique et surtout les oasis du grand désert fournirent bientôt à la nouvelle religion de plus zélés défenseurs. L'esclavage civil et le gouvernement despotique n'éprouvèrent aucun changement, si ce n'est que les marabouts ou prêtres musulmans, ainsi que les chérifs ou descendants du prophète, formèrent dans quelques États une espèce d'aristocratie. L'anthropophagie seule devait être abolie, et c'est un véritable bienfait que l'humanité doit aux progrès de l'islamisme.

Un événement particulier favorisa un moment la civilisation des Maures ; l'expulsion de ceux d'entre eux qui avaient régné en Espagne peupla la Barbarie et même les oasis du grand désert d'hommes plus industrieux et plus éclairés. Malheureusement pour l'Afrique, une poignée

d'aventuriers turcs fondirent sur la côte
de Barbarie, subjuguèrent les Maures et y
établirent les gouvernements barbares
d'Alger, de Tunis et de Tripoli : barrière
fatale qui bien plus encore que le maho-

Arabe.

métisme, sépara l'Afrique du monde po-
licé.

Les navigations des Portugais et la traite
des nègres ont ensuite ouvert de nouvelles
communications entre l'Afrique et l'Europe occidentale. Des colonies stables, étendues, florissantes, ont montré sur les bords

du Niger, du Sénégal, du Zaïre et du Zambèze, le spectacle de nos lois et de nos mœurs. Attaquée sur ce point dans sa barbarie, l'Afrique, l'a été plus victorieusement encore, sur la côte de Barbarie, par l'établissement des Français dans toute l'Algérie. Aussi bienfaisante que conquérante, cette occupation laisse espérer des changements profonds, de proche en proche, dans la constitution des tribus arabes, dans la civilisation progressive de la race nègre des oasis.

CHAPITRE II

L'Afrique Australe.

---

§ I

CAFRES ET ZOULOUS

L'Afrique australe, que nous avons rapidement esquissée par ses caractères généraux dans le système général de l'Afrique, mérite une place à part depuis que les publications du docteur Livingstone et de plusieurs autres explorateurs ont mieux fait connaître les conditions physiques de la contrée, la distribution des populations, leurs mœurs, leurs luttes intestines et le parti que la civilisation en peut tirer dans l'avenir.

Ces régions de l'Afrique paraîtraient fournir matière à une division assez tranchée dans ses caractères, quand on considère le fond des races diverses, sans les étudier dans les parties du pays où elles se touchent, où le climat, les conditions de vie, les rapprochements, les accidents géographiques, les mêlent, et enchevêtrent, pour ainsi dire, les éléments les uns dans les autres. Pour les apprécier il faut sortir des limites de la colonie du Cap, s'avancer assez loin dans l'intérieur du continent. A l'orient, les montagnes semblent donner à la végétation une vigueur tout particulièrement et singulièrement appropriée au climat qu'il lui faudra subir. Insensible à la chaleur et à la sécheresse, elle couvre ces plaines monstrueuses de forêts surprenantes, dont les proportions gigantesques ne laissent rien à envier à celles des régions les plus favorisées à cet égard :

l'Espagne, l'Amérique et l'Asie. La verdure y semble défier l'action délétère d'un soleil tropicale. Dans ce milieu privilégié s'est développée une race supérieure à toutes celles de l'Afrique australe, celle des Cafres, nom générique de toute la famille ; celle des Zoulous, nom particulier des peuplades répandues à Natal. Bien constitués, bien proportionnés, élancés, sans être comme les Béchuanas, leurs voisins, défigurés par le développement exagéré de l'abdomen et la longueur démesurée de leurs membres éternellement grêles et disproportionnés, ils semblent avoir un sentiment profond de leur excellence, ce qui leur donne un caractère et une énergie audacieuse bien au-dessus des Africains qui les entourent. Moins mous que les Béchuanas, et moins indolents, aussi rusés que les Bushmen, mais d'un type bien plus beau, d'une intelligence plus fière, ils sont d'un noble style militaire, avec un front élévé comme les races

européennes, dont ils ne diffèrent guère
que par la couleur noire de leur peau et la
nature particulière de leur chevelure lai-
neuse, deux caractères qui la rattachent
directement aux races nègres. Toute cette
région forme, dans sa partie haute, ce
qu'on pourrait appeler le bassin austral du
Zambèze, tandis que la plaine est fécondée
par le cours de ce magnifique fleuve et des
nombreux affluents qui lui apportent le
tribut considérable de leurs eaux.

§ II

BÉCHUANAS ET GRIQUAS

La région intermédiaire est d'un tout
autre aspect. A peine quelques ondulations
de terrain dans des plaines à perte de vue ;

ni ruisseaux ou rarement, ni rivières ; un soleil torride sur un sable infécond, désolé encore par des sécheresses irrémédiables et trop périodiques ; une race plus douce que généreuse et fière, plus timide qu'audacieuse, bien qu'en plusieurs circonstances elle n'ait manqué ni de la résolution que donne le désespoir, ni de la constance qu'impose la nécessité ; plus sédentaire d'habitudes et plus agricole que guerrière et aventureuse. Tels sont les caractères du pays de ces tribus béchuanas en butte à l'oppression des Boërs, leurs voisins, et quelquefois aux invasions des Cafres.

Quant à la partie occidentale, les collines ne se relèvent guère qu'en inclinant vers l'Océan. Le pays en lui-même, désolé et uniformément plat, y serait absolument inhabitable, si les conditions mêmes géologiques n'avaient produit ce singulier résultat d'y laisser découler des montagnes les eaux pluviales, si considérables aux tropiques, qui se déposent lentement sous les couches de sable, s'y conservent à l'abri de l'évaporation solaire sur un lit argileux, où les habitants, qui en connaissent pour ainsi dire les gisements, les vont chercher presque à coup sûr.

Quand on veut les retrouver, on creuse un fossé de deux mètres de large et d'autant de profondeur. Arrivé sous le sable à la couche de terre résistante, on s'arrête, sous peine de laisser écouler l'eau. Là, on attend que l'eau suinte des couches environnantes : elle y vient d'abord faiblement, puis quand elle a, par l'écoulement même, élargi ses canaux souterrains, elle est abondante et forme un bassin.

C'est dans ces deux dernières régions qu'il faut placer les découvertes récentes de l'Afrique centrale.

Les Béchuanas, qui habitent la zone centrale, se divisent en un grand nombre de tribus dont chacune porte le nom d'un animal : Bakallas, les gens du singe ; Bakuenas, ceux de l'alligator, Batlapis, ceux du poisson ; ce qui semblerait établir qu'ils furent autrefois adorateurs des animaux, comme les anciens Egyptiens. La tradition ne s'est pas assez effacée pour que chacune d'entre elles n'ait pas conservé un respect religieux pour l'animal dont elle porte le nom et dont elle ne mange jamais la chair. Au-delà du cours de l'Orange, les Béchuanas vivent à côté des Griquas, dénomination appliquée en Afrique à toutes les races de sang mêlé provenant des Européens et des femmes indigènes ; les Griquas de l'Orange sont issus des Hollandais et ont eu pour mères des Hottentotes. Ils ont tous, à un degré quelconque, les traits caractéristiques de leur père et de leur mère. Des centaines de Griquas et de Béchuanas ont été convertis au christianisme et en partie civilisés par les missionnaires anglais.

Ils s'habillaient autrefois comme les Cafres. Un petit tablier, formé de courroies en cuir de dix-huit pouces de lon-

gueur, et une peau de mouton ou d'antilope jetée sur les épaules, composaient
toute la toilette des femmes dont la poitrine et l'abdomen restaient à découvert.

Les hommes portaient, par décence, un
morceau de cuir de la grandeur d'une
assiette ; un manteau exactement semblable à celui des femmes complétait leur ha-
billement. Les uns et les autres se barbouil-
laient le corps d'un mélange de graisse et
d'ocre, pour protéger leur épiderme contre
l'influence du soleil pendant le jour et
contre celle du froid pendant la nuit.

Une pommade faite avec de la graisse et
du mica-schiste, mica en poudre, leur ser-
vait pour la tête, et les parcelles brillantes
de mica dont la poitrine, les bras, les an-
neaux et les colliers des fashionables
étaient saupoudrés, constituaient la suprême élégance.

Aujourd'hui, ces mêmes individus se
rendent à l'église pauvrement habillés,
mais décemment couverts. Ils ne man-

quent jamais à l'observance du dimanche.

Dans les localités où il n'y a pas de missionnaires, un meeting religieux est régulièrement tenu chaque semaine ; les plus instruits de la paroisse donnent des leçons de lecture aux autres, et personne n'est admis à recevoir le baptême à moins de savoir lire et de comprendre le caractère de la religion chrétienne.

Comme toutes les peuplades africaines du sud, ils sont lents à se prononcer en faits de matières religieuses ; mais, dans tout ce qui a rapport à leurs affaires, ils ont l'esprit pénétrant et la compréhension vive.

On peut les croire stupides quand la chose dont il s'agit est en dehors de leur sphère ; mais, dans tout le reste, ils montrent plus d'intelligence qu'on n'en rencontre chez ceux des paysans de l'Europe qui n'ont pas reçu d'éducation. Ils ont tous des idées très exactes sur les bœufs, les vaches, les moutons et les chèvres ; ils

savent parfaitement quelle est la nature
des paturages qui conviennent à chacune
de ces espèces d'animaux, et ils choisissent avec beaucoup de discernement les
différents terrains qui sont le mieux appro-
priés aux diverses plantes qu'ils cultivent.
Les habitudes des animaux sauvages ne
luer sont pas moins familières, et généralement ils possèdent bien des maximes
qui formulent leurs idées morales et politiques.

Avoir des enfants aussi nombreux que
possible, c'est là le rève national, puisqu'il
en résulte toujours une augmentation de
puissance pour la tribu.

S'il arrive qu'une femme libre soit privée d'enfants, elle s'attache volontiers aux
enfants d'une esclave et les élève franche-
ment comme les siens propres. Au centre
de chaque hutte se trouve une galerie
ayant un foyer et qui s'appelle kotla : c'est
dans cet endroit-là que tous les membres
de la famille se rassemblent, qu'il travail-

3.

lent, qu'ils prennent leur repas et qu'ils se racontent les nouvelles du jour. Un pauvre s'attache à la kotla d'un riche, il est dès lors considéré comme faisant partie de la famille. Un sous-chef a un certain nombre de kotlas autour de la sienne, et la réunion de toutes ces kotlas, dont celle du chef principal forme le centre, constitue la cité. Le cercle de huttes qui entoure immédiatement la kotla est occupé par ses femmes et par tous ceux qui ont avec lui quelque lien de parenté ; il attache les sous-chefs à sa personne et à son gouvernement par des alliances avec leurs filles, qu'il épouse ou qu'il fait épouser à ses frères.

L'absence complète de commerce et d'industrie dans la contrée oblige forcément à demander aux matières premières toutes les choses dont on a besoin. Pour avoir une maison, il faut des murailles : d'où la nécessité d'aller abattre un arbre et de le débiter ; les matériaux des portes et des fenêtres sont également dans la forêt. Les Bekuanas construisent toujours leurs habitations rondes : voilà pour la maison. S'agit-il de nourriture ; lorsque le blé est réduit en farine, la femme procède à la fabrication du pain. Il arrive souvent que l'on improvise un four en creusant un trou dans une fourmilière, que l'on ferme avec une pierre plate en guise de porte ; on emploie aussi une autre méthode, qui consiste à faire un bon feu sur un terrain battu ; quand il est suffisamment échauffé on y pose la pâte, soit dans une poële à courte queue, soit tout simplement par terre ; on la couvre d'un vase de métal renversé, on ramène les cendres tout autour, et l'on fait du feu sur le vase. Au moyen de ce procédé, la pâte, mêlée avec un peu de levain d'une cuisson antérieure, et qu'on a exposée une heure ou deux au soleil, fait un excellent pain.

On y joint de la viande quand la chasse donne. Autrement on est très heureux de recourir à un plat de sauterelles, vérita-

ble manne pour les habitants de ces contrées. Ces insectes y ont un goût végétal
très fortement prononcé, qui varie suivant
la plante dont elles ont fait leur nourriture. Il y a une raison de physiologie pour
qu'on les mange avec du miel ; grillées et
réduites en poudre, elles se conservent
pendant plusieurs mois : préparées de la
sorte et légèrement salées, on ne peut pas
dire qu'elle soient mauvaises ; bouillies,
elles sont détestables ; grillées, elles va-
lent mieux que des crevettes.

La viande se supplée aussi par une
énorme grenouille appelée matlamello,
qui, lorsqu'elle est cuite, ressemble à du
poulet. Le matlamello résiste à plusieurs
mois de sécheresse. Il se creuse un trou
au pied de certains buissons, où il reste
caché tant que dure la sécheresse ; comme
il sort rarement de sa retraite, une grosse
araignée profite du terrier qu'il a fait
pour y établir sa toile qui en ferme l'entrée, ce qui le pourvoit gratuitement

d'une fenêtre et d'un store. Quand la pluie tombe, ils sortent par millions, ce qui fait croire dans le pays que les grenouilles tombent des nues (1).

Suivant les rapports des magistrats de Natal, les Zoulous, au nombre de 100,000, quoique confondus dans la famille générale cafre, ont toujours respecté, tant qu'à duré l'occupation anglaise, les biens des 10,000 colons jetés au milieu des indigènes. Les Matalebés de Mosilikatsé, sur la rive méridionale du Zambèze, avec quelques tribus au nord de ce fleuve et au midi de Tété et de Senna, descendaient de la race cafre.

Mais ceux qui ont retiré le plus d'utilité des missions, ce sont parmi les Béchicanos, les Bakalaharis ; à l'occident on les décompose en Barolongs, Bahourouisé, Bakuénos, Bangouakesés, Bachaas, Ba-

_____

(1) Dans certaines contrées de la France, ont croit également aux pluies de crapauds.

mangouatos, Bakouroutsés, Batournas,
Bamatlaros et Batlapis. Ces derniers n'é-
taient à l'époque où l'on y a pénétré qu'une
tribu corrompue et en décadence. Leur
voisinage de la colonie du Cap leur per-
mit bien vite d'établir avec les Européens
des relations commerciales, et, soit sécurité
résultant de leur voisinage, soit influence
religieuse de la morale chrétienne qui s'y
établit, leurs habitudes se sont modifiées,
leurs richesses accrue. Ils ont aujourd'hui
un grand nombre de bestiaux. Cependant
les nouvelles générations attribuent leur
supériorité aux qualités de la race et à
leur excellente nature.

§ III

BAKALAHARIS

Si l'on en croit la tradition, les Baka-

laharis seraient les plus anciens de tous
les Béchuanas, ils auraient été repoussés
vers le désert, dans le voisinage des Bushmen par une immigration dans leur propre race. De toute antiquité ils auraient été
riches en bœufs à grandes cornes. Quelque
modification qu'ait apportée dans leurs
habitudes la nouvelle situation où la violence en armes les a réduits, ils sont restés
Béchuanas par le fond de leurs tendances
et de leurs instincts. Ils aiment avec pas-
sion l'agriculture et les animaux domestiques ; comme tous les Béchuanas, chaque
année ils donnent avec la houe plusieurs
façons à leurs jardins ; et pourtant, ils n'en
retirent guère que des melons et des ci-
trouilles ; ils élèvent de petits troupeaux
de chèvres, et cependant il leur arrive,
pour leur propre usage, d'être réduits à
puiser l'eau par cuillerées avec des coquil-
les d'œuf d'autruche. C'est par les Béchuanas qu'ils parviennent à se procurer
des lances, des couteaux, du tabac et des

chiens en échange de peaux de bêtes. La fourrure du Motlosé (fenec du Cap) est la plus chaude du pays. La peau des poukou-yés sert à faire de charmants manteaux appelés karosses. Les Bakalaharis sont naturellement timides et subissent souvent les violences des Bakaouains, Béchuanas de leur voisinage. Ils ont les jambes grê-les et le ventre énorme, à cause des ali-ments grossiers et indigestes dont ils se nourrissent. Les enfants ont les yeux ter-nes et ne jouent pas entre eux.

La crainte que leur inspirent les Béchu-anas étrangers les a jetés dans d'étranges habitudes. Ils vont se fixer loin de l'eau, si rare en leur pays, pour ne pas être exposés aux visites des Béchuanas voya-geurs. Ils cachent avec soin l'endroit où ils la puisent, en remplissant avec du sa-ble les fosses qui la leur fournissent et en faisant du feu à la place même où ils ont fait leurs citernes.

Mais après la sécheresse, quelquefois si

désolante et si prolongée dans ces contrées, ce qui nuit le plus à la paix et à la tranquillité des paisibles Béchuanas, c'est le voisinage de Boërs.

§ IV

LES BOERS

On appelle boërs, ou fermiers, les colons ruinés du Cap par l'abolition de la traite et réfugiés dans les montagnes de Cashan et de Magaliesberg. Ils recrutent continuellement tout ce qui s'échappe sans aveu de la colonie du Cap. Quand ils pénétrèrent pour la première fois dans les montagnes, les Béchuanas, qui venaient d'échapper à la violente tyrannie de Mosilikactsé, chef cafre, les accueillirent avec empressement, comme des guerriers supérieurs et d'utiles auxiliaires. Les Boërs se maintinrent par la violence et s'assurèrent l'avenir par un genre d'asservissement assez semblable à la corvée du moyen âge ou plutôt à la condition des mougiks russes. Sans avoir perdu leur indépendance, ces tribus que les Boërs se sont chargés de protéger, sont réduites à fumer les terres, à sarcler les champs, à faire la moisson, à construire les bâtiments, à creuser des canaux et à établir les écluses de leurs prétendus libérateurs, après quoi ils peuvent librement pourvoir à leurs propres besoins. Quand ils le veulent, ils descendent dans les villages Bechuanas, requièrent d'autorité vingt ou trente femmes pour arracher les mauvaises herbes de leurs jardins ; les pauvres femmes se rendent sur les lieux emportant leur nourriture sur leur tête, leurs enfants sur leur dos, leurs instruments de travail sur leurs épaules. — « Nous les faisons travailler pour nous, disent les Boërs ; mais, en retour, nous leur permettons d'habiter en sécurité notre pays. » Ce genre d'esclaves, du reste, n'est appliqué par les Boërs qu'aux travaux des champs. Les expéditions à mains armées et le pillage au loin leur fournissent leurs bestiaux et des esclaves à leurs besoins personnels.

Ces Boërs se prétendent descendants des Huguenots et des Hollandais, une sorte de peuple de Dieu au milieu de païens marqués d'avance pour être leur proie. Cette sorte d'hostillité farouche leur est d'ailleurs commandée par leur isolement et ia multi ude qui lesentoure. Les Béchuanas sont d'humeur si pacifique, que ce système réussit aux Boërs. On ne cite pas d'exemple que les Béchuanas se soient armés d'eux-mêmes pour attaquer les Boërs. Ceux-ci connaissent le génie de leurs victimes. Jamais ils n'ont osé en agir ainsi avec les Cafres, d'humeur plus fière et plus belliqueuse.Mais pour les Béchuanas, qui vont souvent travailler pour les

Européens, à un scheling par jour pour
se procurer du bétail, jamais les Boërs
n'hésitent à les en dépouiller. Ils ont trouvé si facile cette exploitation d'une nation
douce et sédentaire, qu'ils auraient voulu fermer le pays aux étrangers, ne laisser entrer ni poudre ni armes à feu à l'intérieur. A la moindre apparence de rébel-
lion ou d'infraction, ils descendent dans
la plaine, ravissentle bétail, quelquefois
les enfants tout jeunes, dont ils font leurs
esclaves.

La population se multiplie rapidement
chez ces ennemis des Béchuanas, dont les
familles comptent toujours un très grand
nombre d'enfants. Ils ont du reste été très
peu modifiés par les influences climatéri-
ques; leur peau a bruni, ou plutôt a rougi
par l'effet de leur vie en plein air; mais ils
ne présentent jamais l'aspect cadavéreux,
très ordinaire aux colons européens d'A-
frique. Leur goût pour la chasse a stérili-
sé en partie leur pays. A leur arrivée, le

pays qu'ils habitent se couvrait d'une herbe savoureuse et épaisse, broutée par les antilopes, qui en dispersaient la graine et
assuraient ainsi la reproduction et la multiplication des plantes. Les antilopes ont
disparu devant les ravages des chasseurs,
et les graines se sont perdues dans un sol
desséché si longtemps.

Les Boërs, presque tous habitant une
ferme au milieu de pâturages et de champs
cultivés, ont de nombreux troupeaux de
bœufs, — pas de chevaux, qui y meurent
tous de la péripneumonie, — des moutons,
des chèvres, et sont pasteurs autant qu'a-
griculteurs. La difficulté de se procurer
de l'eau a fait choisir pour emplacements
aux fermes les lieux où se trouve une
fontaine. Sans cette condition, nulle exploitation ne saurait prospérer.

Les troupeaux sont, pour les habitants
de ces contrées, d'une ressource prodigieuse. Ils en tirent des quantités de laine
merveilleuses. Mais ce genre d'exploita-

tion inonde un vaste territoire, et cette nécessité entraîne les colons à s'étendre graduellement vers les régions du nord, loin des zones méridionales, dépourvues d'habitants, qui pourraient la féconder par leur travail et leur industrie, plus productifs dans l'exploitation agricole que dans la vie indolente du pasteur. (1)

§ V

INFLUENCE DU CLIMAT SUR LA SANTÉ DES HABITANTS

Les maladies sont rares parmi les populations indigènes : ni la pneumonie, ni la folie, ni la scrofule, ni l'hydrocéphalie n'y

_____

(1) La république des Boërs constitue, aujourd'hui, un gouvernement régulier.

sont fréquentes. Le cancer et le choléra y sont inconnus. La rougeole et la petite vérole y ont fait des ravages à diverses époques. Ces nègres connaissaient le vaccin qu'ils s'inoculaient au front. Certaines

maladies contagieuses guérissent d'elles-mêmes dans l'intérieur de l'Afrique, sans qu'il y ait besoin de s'en occuper, si le maladeest indigène et les a rapportées d'autres contrées du sud. Il en est autre-

ment pour les individus de sang mêlé ; chez
tous les mulâtres, dit le docteur Liwingsto-
ne, que j'ai été appelé à soigner, la virulen-
ce des symptômes secondaires a toujours
été en proportion de la quantité de sang
européen qui coulait dans les veines du
malade ; chez les Coronnas et les Griquas,
où les deux sangs se mêlent à peuprès également, l'horrible affection produit les
mêmes ravages qu'en Europe ; elle est également désastreuse pour les métis portugais. Les autres maladies qui tiennent
aux variations de latempérature, ont
sensiblement diminué depuis que les ha-
bitantsse sont habitués à se vêtir à la
manière des Européens. L'ophthalmie toutefois y fait de grands ravages ; dans certains moments elle devient épidémique.

Les Bakouains enterrent leurs morts
avec la plus grande précipitation et le
secret le plus absolu : à peine le malade
a-t-il rendu le dernier soupir, qu'on se hâ-
te de le mettre en terre, quelquefois tout

simplement dans de vastes fourmilières.
Aussi n'est-il pas rare de voir ces malheureux se réveiller tout d'un coup, au
fond de leur tombe, d'un évanouissement
prolongé qui a fait croire à leur mort.

Tout le pays limitrophe du désert,
depuis Kuruman jusqu'à Litoubarouba,
ainsi que toute la région qui s'étend au
nord du lac N'gami est d'une remarquable
salubrité. Les Européens, comme à Nice,
comme en Algérie, y retrempent leurs
forces épuisées. Jamais, ainsi que cela arrive dans nos climats si délétères à la
poitrine, le froid et l'humidité ne se com-
binent et ne s'ajoutent l'un à l'autre. Le
thermomètre s'élève à trente-six degrés à
l'ombre la plus reculée, et cependant la
chaleur n'y est jamais suffocante, pas de
vapeurs débilitantes, comme dans les autres contrées du globe, aux Indes et sur
les côtes de l'Afrique. Les soirées sont toujours fraîches et délicieuses, quelle qu'ait
été la température du jour. « Rien ne sur-

4

passe, raconte un missionnaire, la dou-
ceur balsamique des matinées et des soirées dans n'importe quelle saison. Vous ne
désirez ni plus de fraîcheur, ni plus de
chaleur dans l'air, vous pouvez rester à
votre porte jusqu'à minuit sans redouter
même un rhume; vous pouvez coucher
dehors, regarder la lune jusqu'au moment où vous vous endormez, sans que
vos yeux s'affaiblissent, et la plupart du
temps, c'est à peine s'il y a quelques gout-
tes de rosée. »

§ VI

INDUSTRIE ET COMMERCE

Et cependant tout ce pays, qu'envelop-
pe à l'ouest le cours de l'Orange, en
longeant le désert de Kalahari, après

avoir traversé les Béchuanas au nord, à sa sortie nord-est des montagnes habitées à l'est par les Zoulous de Natal et, sur leur versant occidental, par les Bakoutos, ne paraît pas destiné à produire de nombreux articles de commerce.

Les karosses, manteaux de pelleterie tirés du désert, l'ivoire venu des bords du lac N'gami, quelques cornes et quelques bes tiaux; voilà tout ce qu'il peut donner en échange des étoffes de l'Europe, du café, du thé et du sucre. Les indigènes sont naturellement peu industrieux, malgré leur goût prononcé pour l'agriculture et le bétail.

L'idéal d'un Béchuana est d'avoir des bœufs et un chariot, et cependant nul d'entre eux ne s'est encore mis en mesure de parer aux différentes réparations nécessaires à ce précieux véhicule, qui sert de moyen de transport dans tous les voyages à travers lepays. Ils laissent aux missionnaires et aux Européens ce soin, dont ils apprécient toute la valeur, mais dont ils ne se soucient pas de s'approprier l'habileté et le secret.

Cependant, comme depuis la découverte du lac N'gami les précieuses quantités d'ivoire qu'on en tire appellent chaque jour, en plus grand nombre, les marchands à traverser, pour s'y rendre du Cap, les terres des Béchuanas, peut-être l'industrie y deviendra-t-elle plus active et ces peuples surmonteront-ils leur répugnance pour les arts de la main qui n'ont pas directement trait à l'agriculture et à l'élève du bétail.

Quand on remonte droit au nord, le pays change d'aspect, à 200 milles anglais; des rivières profondes y apparaissent garnies d'une impénétrable végétation, de vastes marais répandent la fièvre parmi les populations décimées, et, à 150 milles au nord-est, on trouve, au centre du continent, le cours magnifique du Zambèse, qui s'élève au moment de son débordement annuel, à 6 mètres de hauteur sur une largeur de 15 à 20 milles. En suivant ce fleuve du nord-est à l'est, à travers le pays des Cafres, on retombe à la côte qui se prolonge jusqu'à Zanzibar.

Mais si du pays des Béchuanas on incline à l'ouest, on se trouve au désert de Kalahari, qu'il faut traverser pour toucher au lac N'gami ; on peut rejoindre, par les terres, Benguéla et Angola, et plus loin le bassin du Congo.

§ VII

LE KALAHARI

Entre le 29ᵉ et le 20ᵉ degré de latitude sud, de la côte occidentale au 24ᵉ degré de longitude ouest, le lac N'gami au nord et le fleuve Orange à l'ouest bornent un

4.

espace singulier, que l'absence seule d'eau courante a fait nommer le désert de Kalahari. Ce pays étrange n'en a pas moins ses habitants, sa végétation particulière, des arbres originaux assez élevés, et une multitude d'animaux, que la soif amène souvent chez les Bakouains, limitrophes du désert. Ceux-ci en profitent et font alors des chasses miraculeuses, au moyen d'un piège qu'ils appellent le *hopo*.

Quand on a remarqué que les buffles, les zèbres, les girafes, les rhinocéros, les gnous, les antilopes de toute espèce, fréquentent de préférence une fontaine, on construit sur la route, à un kilomètre et demi de la fontaine, deux espèces de haies ou palissades en face l'une de l'autre, inclinant progressivement jusqu'à un point de jonction qu'on laisse libre. Là un chemin improvisé conduit, au bout de cinquante ou soixante pas, à une fosse de quatre ou cinq mètres carrés sur trois mètres de profondeur. De chaque côté de la fosse des troncs d'arbres accumulés, dissimulés sous des monceaux de joncs, forment un parapet qui rend impossible aux victimes qui s'y sont laissé prendre toute issue hors du piège.

Toute la tribu se met sur pied, entoure un espace assez étendu, et se resserre petit à petit en cercle autour de l'allée fatale. Le gibier ainsi rabattu est poussé par les cris des chasseurs jusqu'au bord du hopo. Là, de certaines embuscades, d'autres chasseurs lancent sur le troupeau effarouché des javelines, et tous les animaux se précipitent en tumulte par le passage ouvert devant eux. Une fois engagés dans l'allée, ils arrivent, en se poussant les uns les autres, à la fosse et y tombent en se débattant, s'écrasant mutuellement, jusqu'à ce que le piège soit plein et permette aux derniers arrivés de s'élancer hors du trou. Ce sont des cris et des efforts inouïs pour se dégager, mais ils finissent par périr étouffés les uns par les autres.

La prise est répartie ensuite par portions égales entre tous les membres de la tribu ; riche ou pauvre, chacun a sa part. La viande est dépecée pour être consommée fraîche ou salée et mise en réserve ; les cornes sont recueillies pour être vendues, et les peaux sont transformées ne karosses, destinés aux gens du pays ou à l'exportation en Chine.

Ce sont là du moins des avantages que recueillent les Bakouains de leur voisinage du Kalahari, si funeste à d'autres égards. Ces nombreux animaux habitaient autrefois le pays des Békuanas ; mais l'arrivée des Européens et l'usage des armes à feu les en a insensiblement éloignés. Ils se sont, comme les tribus vaincues, hottentotes ou béchuanas, réfugiés au désert de Kalahari.

Cette plaine immense est entrecoupée par intervalles des lits desséchés de quelques rivières. Le sol, en général d'un sable doux, légèrement coloré, est recouvert

par places de beaucoup de terrains d'allu-
vion que le soleil a durcis et préparés ainsi pour former de grands réservoirs
naturels où les eaux de pluies se conservent pendant l'époque de la sécheresse.
L'herbe, d'une végétation luxuriante, y
croît par touffes épaisses, par oasis,
pour ainsi dire, et les intervalles se rem-
plissent de plantes rampantes, que leurs
racines très profondément enfoncées dans
le sol préservent des effets désastreux de
la chaleur.

Le kengoué ou kemé, espèce de melon
d'eau (*cucumis cafer*), dans la saison
des pluies, couvre la terre. C'est le régal
des animaux comme des hommes. Les
éléphants, les rhinocéros, les antilopes,
les lions, les hyènes, les chacals, les
souris s'en font un véritable régal. Il en
est cependant de plusieurs espèces dont
l'une a un goût d'amertume très prononcé. Pour ne s'y point tromper, les
indigènes font une ouverture d'un coup

de hachette, introduisent leur langue à l'entrée, et distinguent à coup sûr les melons sains et les melons malsains. Ces fruits permettent à plusieurs espèces d'animaux , particulières à ces contrées, de rester plusieurs mois sans boire, tels que : le *cephalopus mergens;* le steinbok, *tragulus rupestrix;* le kulluma, *oryx capensis;* et le porc-épic, *hystrix cristata.* Armés de sabots aigus, ils creusent la terre et y trouvent dans les végétaux l'eau dont ils ont besoin et que le climat leur refuse.

Les élans du Cap vivent bien portants et lustrés à de grandes distances des sources, tandis que les girafes, les éléphants, les rhinocéros, les buffles, les gnous, les zèbres, les pallahs, ne s'éloignent pas du voisinage des sources, des fontaines ou des fleuves.

D'ailleurs, à mesure qu'on s'enfonce vers le nord, les rivières reparaissent, ou en partie desséchées, ou fraîches et riantes comme la Zouga et ses affluents, le Tamunak'le et le Técughé. Avec l'eau on retrouve les arbres géants de l'Afrique, les baobabs, dont quelques-uns atteignent vingt-trois] mètres de circonférence, les palmyra, les mokuchongs dont on fait des pirogues, et les motsouris avec leurs prunes roses et leur feuillage pyramidal comme celui du cyprès.

Les poissons aussi viennent varier la monotonie du régime imposé par le désert. Le mulet, *mugil africanus*, descend par bancs dans les filets du naturel. Le mosala, ou *glanis siluris*, barbu et sans écailles, est si gros que de l'épaule d'un homme sa queue touche à terre : C'est l'anguille de ces contrées. Sa tête énorme lui sert de réservoir, et quand sa provision d'eau est faite, il peut impunément passer plusieurs mois dans un trou de vase desséchée.

Un serpent de ces contrées, brun foncé, tacheté de jaune, vit dans les rivières; les naturels en mangent la chair qu'ils estiment beaucoup. Les Béchuanas ont une grande répugnance pour le poisson, mais les Bayéyés, riverains de la Zouga, en font leur nourriture habituelle : Tantôt ils le prennent dans les étangs desséchés, tantôt ils l'attrapent avec des filets, faits de fibres d'hibiscus, tantôt enfin ils le chassent à la lance. Ils se servent pour cela d'une sorte de javeline qui leur tient lieu de harpon : non pas que ce dernier instrument leur soit inconnu, puisqu'ils en font usage contre l'hippopotame. Leurs canots de pêche sont tout simplement des radeaux fabriqués avec les joncs de la rivière réunis en paquets par des fibres d'une plante qu'ils appellent l'*éfé*, (*sanseviere angolensis.*)

§ VIII

LES BUSHMEN

Si les Béchuanas ont à redouter chez eux le fâcheux voisinage des Boërs, ils retrouvent dans le désert les restes des anciennes populations du Cap, les Bushmen. Leur langage, leurs habitudes, leur aspect, tout en fait des êtres à part au milieu des tribus nègres. On a voulu chercher dans ce type, très voisin du babouin, la transition entre le règne animal et l'homme. Ils aiment le désert d'instinct ; et ces plaines sablonneuses, où l'on vit sans maîtres sinon sans ennemis, plaisent à leur sauvage indépendance.

Point de culture chez eux, point d'ani-

maux domestiques comme chez les Béchuanas; ils ne s'attachent qu'à la chasse des
animaux sauvages. Les chiens qui les suivent, seuls animaux qu'ils se soient attachés, sont d'un type misérable et repous-
sant. C'est au milieu des animaux sauvages que le Bushmen se sent à l'aise. Il en
connaît les mœurs, les ruses et les habitudes; il se met à la piste des grandes migra-
tions, les surprend, les tue et les mange
sur place. Quelques fèves, quelques racines,
quelques fruits sauvages : voilà les seules
choses qui les aident à attendre le gibier,
et à tempérer un régime de nourriture pu-
rement animale.

Ils aiment avec jalousie leur singulier
domaine, dont ils connaissent à fond toutes les ressources. Ils redoutent de s'y voir
troubler par d'indiscrets étrangers. Aussi,
comme l'eau est le bien le plus précieux
dans ce pays de la sécheresse et l'élément
indispensable de la vie, ils en cachent les
sources, et quand ils l'ont puisée, l'ont

enfouie sous terre dans leurs œufs d'autruche, ils ne la montrent à personne et ne
la font connaître que par violence.

Il est d'ailleurs inutile de s'adresser aux
Bushmen pour leur demander de l'eau. Ils
ont vis-à-vis des visiteurs l'étrange pré-
tention de vivre sans boire. Il est arrivé
de les guetter jour et nuit sans avoir réussi
à les prendre buvant. Aussi inspirent-ils
aux peuplades qui les avoisinent, comme
les Bakouains, une terreur superstitieuse.
Cette croyance est, aux yeux des Bushmen, leur meilleure garantie d'indépendance et de sécurité au désert; aussi ne
négligent-ils aucune précaution pour la per-
pétuer et la répandre, et les voit-on rarement se départir de cette singulière politi-
que. Ce qu'il leur faut avant tout, c'est l'espace découvert et sans voisins qui les
inquiètent.

Ce goût pour les solitudes et les lieux
découverts leur est commun avec tous les
animaux. Les bœufs qui traversent les jun-

gles sont toujours prêts à s'enfuir, — inquiets et défiants qu'ils sont, — des lieux où chaque pas peut recéler un ennemi ou une embûche. Les antilopes sauteuses, les springbocks, quand l'herbe, qui fait leur princ.pale nourriture, manque, émigrent par bandes de trente ou quarante mille pour le désert. Les Bakalaharis, habitants du désert avec les Bushmen, profitent de cette prédilection des antilopes pour les plaines découvertes. Ils mettent le feu aux herbes de leurs pays et forment de vastes espaces dénudés, où ils sont sûrs de voir se réunir les springbocks.

Les Bushmen ne reculent devant aucun animal, si grand et si féroce qu'il soit. Ils tuent des éléphants en grande quantité. C'est à l'époque de la pleine lune qu'ils se mettent en campagne, à cause de la fraîcheur des nuits. Ils l'attaquent avec une lance, au moment où l'énorme bête, après les avoir chargés, s'arrête tout essoufflée ; cette chasse est la plus grande preuve de courage que l'on puisse donner dans le pays. Pour cela, on se fait quelquefois aider par des chiens, qui ont le privilège de mettre l'éléphant hors de lui par leurs aboiements. L'animal, éperdu de colère et désespérant d'atteindre ces agiles assaillants, se couche par terre au pied d'un arbre, y appuie sa tête, comptant le renverser sous cet effort, et par sa chute écraser d'un seul coup toute la meute.

S'agit-il d'un lion, le Bushmen n'hésite pas davantage, et les autres indigènes en font autant, si la présence de ce roi des forêts a effarouché le bétail et l'a dispersé. Le bouvier s'élance sur les traces du lion, le suit pendant plusieurs milles à travers les broussailles et les herbes, jusqu'au moment où il suppose la panique apaisée. Il se met alors à siffler comme il le fait pendant qu'il trait les vaches ; quand il a ainsi calmé les pauvres bêtes, il les garde jusqu'au jour, dans l'endroit où elles se trouvent, et les ramène ensuite. Aussi est-il rare que les lions, dans ce pays, fassent parler d'eux ; ils semblent éprouver une crainte salutaire des Bushmen, qui sont d'une suprême adresse à les détruire. Lorsqu'un lion s'est complétement repu, les Bushmen, qui l'ont observé, suivent sa trace sans faire le moindre bruit et le surprennent au milieu de son sommeil ; l'un d'eux s'arrête à quelques pas et lui décoche une flèche empoisonnée, tandis qu'en même temps son compagnon jette son manteau de peau sur la tête de l'animal, qui, surpris et terrifié, s'enfuit en bondissant. Pour empoisonner leurs flèches, ils se servent des entrailles d'une chenille de douze millimètres de longueur, la *n'goua* ; ils les écrasent, en entourent la partie inférieure du fer de leur flèche, et le font sécher au soleil. La douleur que produit une blessure de ce genre est si vive, que le malheureux qui en est atteint se roule et se déchire en demandant le sein de sa mère, comme s'il se croyait revenu aux jours de son enfance ;

ou bien, fou de rage, il s'enfuit loin de toute habitation humaine. Le lion n'en éprouve pas des effets moins terribles : on l'entend rugir avec désespoir, il devient furieux et il mord les arbres et la terre avec une frénésie convulsive. Pour guérir cet empoisonnement, les Bushmen administrent la chenille elle-même écrasée dans de la graisse. Le plus souvent, cependant, on emploie, contre le venin, le suc laiteux de l'euphorbe (*euphorbia arborescens*), fatal aux bestiaux, les bœufs exceptés, inoffensif pour l'homme. Les Bushmen du Kalahari, il faut l'avouer, sont cependant, moins bien doués que ceux que l'on retrouve plus haut, dans le voisinage de la Zouga. Ceux-ci, loin d'être jaunes et rabougris, sont au contraire de grande taille, bien découplés et presque noirs ; la chaleur seule ne suffit pas pour noircir la peau : c'est unie à l'humidité qu'elle produit la teinte la plus sombre. Quelles que soient ses qualités, le Bushman est superstitieux avant tout. A-t-il une détermination à prendre, il tire ses dés et consulte le sort ; rarement il se décide contre les indications de ses dés. Mais son humeur indépendante, son insousiance de la vie et son caractère belliqueux, l'ont rendu respectable à toutes les races avoisinantes, Béchuanas, Boërs et Cafres envahisseurs.

Si les Bushmen sont regardés comme les aborigènes de cette contrée, chassés par des envahisseurs cafres ou européens, les Bakalaharis, les plus anciens de tous les Béchuanas, sont devenus les hôtes du désert, par nécessité. Il y a dans les deux races un égal amour de liberté. Mais les habitudes, le caractère, l'aspect, tout diffère dans ces deux races. Riches autrefois en troupeaux, les Bakalaharis auraient reculé devant les envahissements des tribus de leur propre race. Bien que vivant de la même vie et des mêmes aliments que les Bushmen, les Bakalaharis n'en ont pas moins les mêmes instincts élémentaires des Béchuanas, dont ils ne sont qu'un embranchement : l'amour de l'agriculture et l'élève du bétail. Le désert leur fournit les matières de leurs échanges avec les Bakouains, leurs frères de race. Contre des peaux d'animaux sauvages, ils troquent des génisses et des vaches. Ce sont les seuls des Béchuanas qui soient définitivement restés au désert, bien que les Bakouains eux-mêmes, les Bangouaketzés, les Bamangoustos, fuyant les farouches invasions des Matébélés, peuple cafre, aient cherché, comme eux, dans le Kalahari, un asile contre leurs oppresseurs. Les Matébélés, habitués aux régions bien arrosées, se sont arrêtés dans ce pays sans eau, ou bien ont péri par centaines, expiant ainsi leur poursuite obstinée contre des tribus inoffensives. Leur humeur, d'ailleurs, dans cette vie de solitude et d'indépendance, est restée si douce, que la plupart du temps ils subissent les violences des tribus béchuanas en rapport commercial avec eux.

5.

§ IX

DANS LE DÉSERT

Pour celui qui veut traverser le désert de ces populations, ce qu'il y a redouter par dessus tout, c'est le vent brûlant et une mouche terrible pour les animaux, particulièrement pour les bœufs, moyen ordinaire de transport dans cette part e de l'Afrique ; c'est aussi le mirage, dans ces grandes solitudes, où l'imagination, activée par les nécessités du moment, est dans toute sa force créatrice de fantasmagories ; le mirage apparaît toujours sous un aspect des plus merveilleux. C'est ce qu'attestent et témoignent des voyageurs qui ont traversé le Kalahari ou le

Soudan, ou même d'autres régions désertes et désolées, par des causes tout opposées, les contrées polaires. Ici c'est la soif qui est le besoin impérieux du moment. Les lacs ne manquent pas d'apparaître dans l'immensité du désert ; on en voit la surface agitée par les vagues, les arbres mêmes y apparaissent avec leurs ombres mises en mouvement par le souffle des vents. Les sauvages habitués aux aspects du désert, les animaux eux-mêmes s'y trompent, et tous, pêle-mêle, se précipitent à la source entrevue à travers l'illusion du désir et la fièvre du besoin.

La couche efflorescente de chaux qui recouvre le sol de tous côtés est fatigante à regarder, et l'eau qui en sort aux environs, amère et chargée d'ammoniaque, irrite la soif sans l'apaiser ; l'alun, le vitriol qu'on y mêle ne peuvent neutraliser les propriétés nauséabondes de cette détestable boisson. Les zèbres, les rhinocéros, les buffles et les autruches se pressent autour

de cette eau fangeuse, et viennent s'y faire
tuer par les Bushmen et les Hottentots,
qui les dépouillent et mangent même la
chair de l'autruche. Mais dans ces lieux
couverts de buisson et de sel, les chèvres
et les moutons acquièrent un beau développement, et les Bamangouatos y entre-
tiennent de grands troupeaux, dont le
lait leur sert à faire un caillé d'une grande
ressource pour eux. Une espèce de solanée,
du nom de *tolouané*, leur sert à faire prendre le lait de chèvre, d'une coagulation
plus lente et plus difficile que le lait de vache. On enferme ce caillé dans des outres
de cuir, que l'on recharge continuellement
de lait jusqu'à ce que le dépôt coagulé ait
rempli le sac tout entier où on l'enferme.
Le soleil le dessèche et le rend dur. Dans
cet état on le mêle à la bouillie, qui devient
ainsi plus nutritive et plus fortifiante.

C'est aussi dans ces vastes plaines où
leur préférence pour les lieux découverts
les amène en grand nombre, que se plai-

sent les autruches. Elles y établissent leurs
nids dans des trous de sable d'un mètre de
large sur quelques centimètres de profondeur. Elles y déposent leurs œufs, au nom_
bre de vingt à vingt et un quand la ponte
est normale ; mais les naturels la prolongent
quelquefois plusieurs mois en enlevant les
œufs à l'insu de la mère, à mesure qu'elle
les dépose. Pour cela, il ne faut ni toucher aux œufs, ni laisser les traces de sa
visite autour du nid. La mère, très défiante,
l'abandonnerait. Il faut, à distance, à l'aide d'un grand bâton, les tirer du nid et les
faire rouler jusqu'à soi. Ces œufs, très durs
et d'une assez forte dimension, mais d'un
goût désagréable, servent aux Bushmen à
enfermer leur eau. Le mâle a jusqu'à cinq
femelles et les aide alternativement dans
les soins de l'incubation. Sa chair coriace,
même lorsque l'animal est à point de graisse, ne peut guère flatter qu'un palais de
Bushman ; mais ce qui rend cet animal si
précieux et si recherché des indigènes, ce

sont les quelques plumes blanches de l'aile et de la queue. On en exporte à l'étranger comme ornements et à l'intérieur on en fabrique des vêtements légers, qui préservent du soleil sans empêcher l'air de circuler autour du corps.

L'autruche n'a pour se défendre que la rapidité de sa course, son excessive défiance et la disposition singulière de ses yeux qui, placés très haut, lui permettent de voir à de très grandes distances. Les Bushmen font quelquefois plusieurs kilomètres en rampant sur le ventre pour surprendre les autruches. Mais la grande chasse se fait à courre, comme dans le Soudan, ou par une manœuvre de chasse qui consiste à profiter des défiances et des habitudes mêmes de l'autruche pour la tuer. Quand elle redoute d'être cernée, elle s'enfuit du côté d'où vient le vent, quels que soient les inconvénients qu'il y ait pour elle à prendre cette direction. Si les Bushmen en surprennent une dans une vallée ouverte, ils se mettent en ligne du côté du vent, et l'autruche, habituée à ne compter que sur la rapidité de sa course, va aussitôt se jeter tête baissée, entraînant dans sa course folle tous les animaux d'alentour, habitués à s'en rapporter à ses défiantes précautions pour leur sécurité particulière, du côté où elle suppose qu'on veut lui barrer le passage. Les chasseurs l'accueillent avec leurs javelines barbelées. Les pas de l'autruche sont de 4 mètres 60 centimètres quand elle s'enfuit. Elle mesure trente pas en dix secondes, soit 43 kilomètres à l'heure, vitesse un peu inférieure à celle d'un chemin de fer. Quelquefois, impatientée par les chiens, il lui arrive de se retourner et de briser d'un coup de patte les reins de l'un des audacieux assaillants.

§ X

LE LAC N'GAMI

Le lac N'gami était connu depuis un demi-siècle par les rapports des indigènes et la grande quantité d'ivoire qu'on en tirait ; mais la rareté des pluies, la difficulté de se procurer de l'eau dans le Kalahari, avaient toujours arrêté les Européens, même les Griquas. Depuis la rivière d'Orange jusqu'au lac, il y a neuf degrés de latitude à parcourir. Quand on a touché aux rives de la Zouga, on la remonte à l'ouest jusqu'au pays de Bayéyès, que les Béchuanas appellent Bakobas, *esclaves*, à cause de leur inaptitude à se défendre, et de la facilité avec laquelle ils ont subi le joug de

toutes les hordes envahissantes. Leurs canots, creusés dans un tronc d'arbre avec
toutes les formes capricieuses que peut
affecter le bloc qui leur sert de matière
première, sont tout à la fois leurs moyens
de transport, comme les chameaux pour
les Arabes, et leurs asiles contre toute
espèce de dangers et d'ennemis. Ils y
dorment et y ont du feu nuit et jour. A
terre, disent-ils, vous avez des lions, des
serpents, des hyènes, et surtout vos ennemis : dans notre pirogue, abrités par les
roseaux qui croissent sur la rive, aucun
danger ne peut nous atteindre.

Les bords de la Zouga, couverts de bois,
commencent la région septentrionale, où
les rivières abondent, comme le Tamuna-
k'Ie, un des affluents de la Zouga. Douze
jours de navigation conduisent de la Zouga, au sortir du Kalahari, sur les bords
du lac N'gami. C'est une belle nappe d'eau,
qui s'étend du nord-nord-est au sud-sud-
ouest, sur un espace assez développé pour

exiger trois jours de ceux qui veulent en faire le tour. Assez peu profond pour qu'on puisse manœuvrer les canots à la perche sans le secours des rames, il est sujet à des crues annuelles, assez considérable pour que les eaux entraînent dans leur cours les animaux de la rive et les arbres, dont le bord vaseux était jonché.

Douce quand elle est haute, l'eau revient saumâtre quand le niveau baisse, contraste frappant avec les flots transparents et frais. du Tamunak'le. C'est le point le plus bas du bassin dont les régions méridionales formeraient un des versants ; il n'y a pas du fond du lac plus de 609 mètres au-dessus du niveau de la mer.

L'examen des conditions générales de la contrée a fait conjecturer que l'eau était en quantité beaucoup plus considérable autrefois sur la terre d'Afrique, et qu'au moment du renflement du continent, ces nappes immenses se sont écoulées en ne laissant que quelques restes comme le

N'gami, à l'endroit le plus creux de la vallée. Là, le rhinocéros et l'éléphant surtout abondent. Celui-ci s'ébat dans la vase du lac, sort de l'eau le soir et regagne la forêt ou les hautes herbes. Cet animal, toujours plus petit à mesure qu'on avance dans le nord, est recherché pour sa viande et pour sa graisse. Quant à son ivoire que les indigènes ont longtemps confondu avec le reste des os, il est resté, jusqu'à l'arrivée des Européens dans la contrée, un objet de commerce peu apprécié ; on avait pour un mauvais mousquet de douze francs, 30 à 50 kilogrammes d'ivoire.

L'éléphant est un mangeur délicat, il aime par-dessus tout les arbres et les fruits à saveur douce et sucrée ; il fait tomber les graines du grand palmier et les mange doucement l'une après l'autre. Les habitants des bords du lac N'gami leur dressent, le long du lac, des pièges à double compartiment recouverts d'herbes

et de joncs, de façon que si l'animal
tombe dans l'un des deux compartiments
et veut se retirer avant d'avoir consom-
mé sa chute, il trouve de l'autre côté un
abîme qui rend sa perte certaine.

D'autres fois, on le chasse directement.
La bande de chasseurs se répand de loin
autour de lui en faisant entendre des
sifflements, des cris rauques, des chants
bizarres des sons d'instruments à vent ou
en tapant dans leurs mains.

A ce tintamarre, l'éléphant dresse les
oreilles et se met à marcher rapidement
en regardant de temps en temps autour
de lui. Insensiblement les chasseurs se
rapprochent jusqu'à une vingtaine de pas,
et tous à la fois lancent leurs javelines
barbelées, qui vont hérisser l'énorme bête
et la couvrir du sang.

Blessé, il fuit d'abord d'un pas rapide, puis sa marche se ralentit par degrés, sous l'influence de la colère et
de l'exaspération qui le gagne. Il fait

tête alors aux assaillants, pousse un cri
de rage et charge les chasseurs qui se
dispersent en se jetant à droite et à gauche.

La bête s'arrête alors et suspend sa retraite. L'irritation la ramène aux chasseurs
qui l'ont entourée de nouveau. Seconde

charge, vaine comme la première, puis
une troisième où elle s'epuise et tombe
ordinairement hors d'haleine.

Tous en ce moment arrivent à la curée,
se précipitent à coups de hache sur la
bête qu'ils dépècent comme une vieille
carcasse de navire. Et Cependant le lion

lui-même ne s'approche jamais des éléphants, si ce n'est des jeunes qu'il déchire
quelquefois.

§ XI

LES MAKOLOLOS

Quelques tribus bécnuanas forment là
des associations assez considérables : les
Bamangouatos, les Makololos qui s'étendent jusqu'au Zambèze, presqu'au centre
du continent, au nord-est de la Zouga. Les
Mambarie sont plus au nord. C'est là que
se pratiquent sur une grande échelle la
razzia et l'enlèvement des enfants pour
être vendus comme esclaves.

Les Makololos, qui exercent une sorte
de suprématie sur les tribus environnan-

tes, ont des espèces de serfs de la glèbe chargés de cultiver leurs terres. Du reste, l'autorité des vainqueurs sur les vaincus n'a rien de violent ni de tyrannique ; et cela se conçoit : autrement, maltraités, les serfs auraient trop de facilité à se réfugier au loin au sein de quelque peuplade étrangère.

Les Mokololos s'attachent particulièrement à l'élève du bétail ; ils ont deux espèces de bœufs, le *batoka*, de petite taille, mais bien fait et vigoureux, de caractère doux, familier et pétulant. C'est la meilleure viande et la plus grasse de tous les animaux domestiques. L'autre espèce, le *barotsé*, est montée haut sur jambes et armées de cornes énormes. Il y en a qui, d'une extrémité à l'autre, mesurent deux mètres cinquante-neuf centimètres. Aussi, est-ce le barotsé que les Mokololos choisissent pour en faire les chefs et les ornements des troupeaux. Ils donnent à leurs cornes, en y suspendant

pendant la croissance toutes sortes de poids, les formes les plus bizarres et les plus capricieuses. Avec des fers chauds ils les zèbrent par tout le corps. Ils leur attachent tout autour de la tête des lanières de peau de sept ou huit centimètres de longueur et d'autant de largeur, qui forment comme des banderoles.

Les Mokololos préparent le cuir du bœuf et en font des boucliers, qui leur servent à se protéger dans les combats à la lance, où ils sont d'une remarquable habileté. C'est une arme très légère, qui se jette de très loin comme un javelot. Pour donner plus de puissance au jet, ils prennent du champ, courent dans la direction du but, puis lancent leur javeline de façon à lui faire décrire une courbe. Ils parviennent ainsi à toucher le but à quarante ou cinquante pas. Ils ne chassent pas autrement l'éléphant.

Les Mokololos ont des champs cultivés; mais occupés de la guerre, ils ont laissé aux Makalas, qu'ils ont soumis, le soin de les travailler. Chez ces peuples, excepté quelques tribus, ce sont les femmes, en général, que regarde tout ce qui tient à la préparation des terres, comme à celle des aliments à l'intérieur.

Le roi reçoit des tributs considérables, levés sur les peuplades soumises, en sorgho, en arachides, en houes, en lances, en miel, en canots, en pagaies, vases de bois, tabac, chanvre, fruits secs de diverses espèces, peaux préparées et ivoire. Ces objets, apportés dans la kotla ou palais, sont partagés équitablement entre les Makololos par le roi lui-même, qui peut se réserver ce qui lui plaît. Son plus ou moins de désintéressement et de libéralité fait sa popularité. Les Mokololos sont les premiers Béchuanas qu'on rencontre en allant vers le nord.

En avançant vers le nord-ouest, on rencontre le Lyamboü, ou Lyambie, ou Louambéji, Louambési, Ambési, Oiimbé-

si, Zambési, etc., etc., toutes dénomina-
tions qui signifient la *grande rivière,* la
rivière par excellence. C'est en effet la
principale artère de cette partie du continent. Tout le littoral est boisé, bordé
d'un coteau à pâturage, ou accompagné
d'une plaine formée de terrains d'allu-
vion, résultat des inondations du fleuve.
L'ensemble de cette vallée septentrionale,
habitée par les Barotsès, est aussi fertile
qu'agréable de fraîcheur et de verdure ;
les buffles sauvages, les zèbres, les élans
s'y trouvent en grand nombre. Un peu
plus haut, dans le pays des Banyétis, le
fleuve traverse des rapides et des cascades
qui en interrompent la navigation. C'est là
que les Mambaris, tribu du sud-est d'Angola, venaient acheter des enfants, jusqu'à
ce que le chef de la contrée ait interdit
le commerce des esclaves parmi ses peuples.

C'est là également la véritable région des
fleuves. En redescendant, pour gagner

l'ouest, on arrive à l'endroit où le Chobé re-
joint le Lyambie, tous deux divisés en plusieurs branches qui forment un vaste ensemble de canaux et de deltas. De là, sans
quitter les terres des Makololos, on atteint
le confluent d'un autre tributaire du
Lyambie, la Liba, à travers des rives mer-
veilleusement vertes et boisées. C'est la
limite du pays des Makololos.

§ XII

LES BALONDAS

Déjà on a franchi les cascades du Go-
nyé, où l'on est forcé de transporter, sus-
pendues à des perches, les pirogues à dos
d'hommes. On rencontre dans ces parages
l'anser ucagaster et l'anser melagaster,

oies vêtues de noir. Elles ont à l'épaule un éperon aussi fort que celui qui orne le pied du coq. Elles ne s'en servent que pour défendre leurs petits.

L'alligator y est plus féroce qu'ailleurs. Les enfants que l'imprudence laisse jouer sur les bords du fleuve en sont très souvent victimes. Ce reptile étourdit sa proie d'un coup de queue et l'entraîne dans le fleuve, où elle est bientôt noyée. Les sauvages ne s'y laissent pas prendre : ils conservent tout leur sang-froid au fond de l'eau, tirent leur petit javelot barbelé, l'enfoncent dans l'épaule de ce monstre, qui, de douleur, lâche prise. Mais la cuisse porte ordinairement les marques profondes de la mâchoire du monstre.

Les Balondas, peuple de cette contrée, leur font une chasse acharnée et en détruisent les œufs qu'ils mangent avec délices. Ces peuples sont les idolâtres les plus superstitieux de l'Afrique australe. Quand ils ont des malades, ils battent toute la nuit le tambour devant leur idole, espérant par là obtenir leur guérison. Ils se couvrent d'amulettes et ne consentent à rien entreprendre avant d'avoir converti l'enchanteur. Ils ne bâtissent presque point de villages.

Les Balondas sont de véritables nègres, ayant sur la tête et sur le corps une plus grande quantité de laine que pas un Cafre ou un Béchuanas. Ils sont, en général, d'une couleur très foncée. Quelques-uns pourtant, d'une nuance plus claire, se rapprochent des Makololos, qui sont couleur de café.

Leurs tambours sont faits d'un morceau de tronc d'arbre creusé, avec un petit trou sur le côté, recouvert d'une toile d'araignée. Aux deux extrémités, ils étendent une peau d'antilope, sur laquelle ils frappent avec les mains. Quant à leur marimba, une autre espèce d'instrument qui se rapproche du tympanon, il est fait de deux traverses de bois placées parallèlement, sur lesquelles sont disposées quinze touches de bois de six ou huit centimètres de large sur quarante à quarante-cinq de long ; leur épaisseur est proportionnée à la gravité de la note qu'il s'agit d'obtenir. Chaque touche repose sur une calebasse taillée dans sa partie supérieure pour recevoir les barres transversales. Les calebasses servent de sommier d'un son agréable. Le marimba se touche avec des petites baguettes de tambour.

C'est chez les Balondas que les Mambaris, nègres de la province d'Angola, viennent à la maraude des enfants qu'ils espèrent vendre comme esclaves dans les colonies portugaises.

§ XIII

DE LA LIBA AU DILOLO

De la vallée de la Liba au lac Dilolo on

traverse des plaines souvent inondées, qui
servent de déversoir entre les rivières du
nord et celles du midi, car toutes les rivières parcourues jusque là vont au Zambèse et avec lui dans le bassin méridional
du Cap dans l'océan Indien.

Au-delà du Dilolo les eaux prennent une
direction septentrionale pour aller se jeter
dans le Kalaï ou Loké.

Le Kalaï est une belle rivière d'environ
100 mètres de large. Il serpente avec len-
teur au fond d'une vallée dont les co-
teaux, boisés sur les deux rives, ont près
de 500 mètres d'élévation, et il se dirige
vers le nord-est. Le pays qu'il traverse
paraît être composé de forêts alternant avec
des prairies couvertes de grandes herbes ;
et, si l'on en croit les rapports des indigènes, on y pourrait naviguer pendant plusieurs mois de suite sans en découvrir la
source ou l'embouchure.

C'est là que s'étendent les prairies admi-
rables, les forêts magnifiques, les vallées

fécondes, mais presque absolument désertes, car il n'y a pas même d'animaux sauvages pour manger l'herbe tendre et pour
se reposer à l'ombre des grands bois toujours verts; et la province enfin qui porte
le nom de Londa, où commence l'influence
des colonies portugaises de la côte d'Angola. C'est là aussi qu'on peut remarquer,
comme aux environs du Kalahari, les
différences importantes dans la teinte des
nègres.

Indépendamment de l'influence que
peuvent avoir l'élévation, la chaleur et
l'humidité des lieux, on peut observer que
les teintes plus ou moins foncées que présente la peau des nègres se distribuent en
cinq bandes, qui divisent la partie australe du continent africain dans le sens de
la longitude. Sur la côte, à l'occident
comme à l'orient, la couleur est très foncée. Les deux zones qui renferment les
tribus d'une teinte beaucoup moins brune
sont situées à trois cents milles du Vouge;

celle de l'ouest décrit un demi-cercle et embrasse le désert de Kalahari et le territoire des Béchuanas. La couleur est de nouveau très foncée chez les individus qui occupent la zone centrale.

A travers le pays des Chibagues, celui des Bashingés, ontouche à la vallée de Cassangé, où coule le Cuango. Là on retrouve des colonies de négociants portugais, qui étendent, par des intermédiaires indigènes, leurs relations dans l'intérieur du pays. De Cassangé pour aller à Loanda, il faut franchir, du 9° 37' 30" latitude sud au 17' 49' longitude est, environ 450 kilomètres.

Toutes les tribus indigènes de ces contrées savent lire et écrire : c'est là l'œuvre des missionnaires jésuites. De la plaine quelque peu élevée qui domine Loanda, on aperçoit l'Océan. La ville de Saint-Paul de Loanda, autrefois considérable, ne renferme guère que 12,000 habitants, dont la plupart sont des hommes de couleur.

Auprès de la ville vivent les Bangos, tribu indigène, ainsi que les Ambondas et les Akos ou Hacos. L'agriculture y est négligée, comme dans tout le royaume d'Angola, où l'on s'applique particulièrement au commerce et à la filature du coton. La domination portugaise n'est d'ailleurs fermement établie que sur les peuplades comprises entre le Coanza et de Dandé.

§ XIV

LE ZAMBÈZE

De Lenganti, ville située au nord-est sur le Zambèze, on peut, au lieu de se diriger au nord d'abord, puis à l'ouest, pour gagner la côte d'Angola, redescendre le cours du Zambèze et toucher à la côte du

Cap, ou pays des Cafres, Le fleuve, si large qu'il soit, est loin d'être navigable dans tout son cours; on y rencontre des rapides et des cascades que les canots ne sauraient franchir. L'une d'entre elles, presque aussi singulière que celle du Niagara, est la chute de Victoria. Les colonnes de vapeur qui s'en élèvent audessus du fracas des eaux se peuvent apercevoir à une distance de 9 à 10 kilomètres.

Dans ces contrées, les animaux sauvages marchent par bandes, sous la conduite de l'un d'entre eux, qui en est le chef. C'est ordinairement le plus craintif et le plus prévoyant du troupeau. S'il tombe, ceux qu'il dirigeait paraissent ne plus savoir que faire et s'arrête complètement déroutés; ils cherchent alors à se suivre mutuellement, et il en résulte une confusion plus ou moins prolongée.

Dans les parties éloignées de la côte, où ils ne sont pas chassés avec des armes à feu, le long du Zambèze et de ses affluents,

ils vivent, à l'ombre des arbres gigantesques des tropiques, avec une familiarité
telle, que les éléphants se dérangent à
peine à l'approche de l'homme, que les
troupeaux de buffles ruminent lentement
en passant à côté des caravanes, sans
s'en inquiéter davantage. On se croirait
aux époques primitives de l'âge d'or. Les
hippopotames eux-mêmes, en si grand
nombre dans le Zambèze que les habitants
sont obligés de creuser des trappes multi-
pliées pour protéger leur récolte, y sont
si peu farouches qu'ils ne font pas la
moindre attention aux navigateurs du
fleuve, dans certaines parties où ils sont
peu chassés. Les jeunes, un peu plus gros
que des bassets et montés sur le cou de
leur mères, regardent entre les oreilles de
celles-ci descendre les canots.

Quand ils sont d'une taille un peu plus
forte, ils se posent sur le dos de la femelle.

Du haut de Maboué-Asoula, *pierres qui
sentent mauvais*, à 174 mètres 50 centi-

mètres au-dessus du niveau du Zambèze, on découvre cinq chaînes distinctes de montagnes, dont celle des Bolangas est la plus éloignée du côté de l'ouest, et celle des Komangas la plus orientale ; entre ces deux points extrêmes se trouvent les deux chaînes de Sékonkamena et de Funzé.

Des pics nombreux se détachent de la rampe et sont généralement couverts de forêts ; leur cime est couronnée de belles roches de quartz blanc, ou revêtue d'une couche de dolomite ; sur le versant occidental de Sékonkamena se trouvent de grandes masses de cyanithe ou dysthène, et sur les flancs de la quatrième et de la cinquième sierra, il y a une grande quantité de fer spéculaire magnétique et de morceaux arrondis de minerai de fer noir, également très magnétique et renfermant une proportion considérable de métal.

De là on aperçoit le confluent du Zambèze et du Kafoué, tous deux couverts sur leurs rives magnifiques, pêle-mêle avec des hommes, de troupeaux de buffles ruminant, d'éléphants s'éventant de leurs larges oreilles, de pallahs, de waterbocks, de sangliers, de koudous et d'antilopes noires.

A cinq ou six journées de marche, le Zambèze devient si large que, quelle que soit l'habileté des rameurs, il faut très longtemps pour le traverser. Il a 1,000 mètres d'une rive à l'autre et 700 à 800 d'une eau profonde, coulant avec une vitesse de 5,360 mètres par heure.

On retrouve là les traces des Portugais, qui allaient dans une montagne appelée Mashinga, — dont un des versants est habité par les Balengas, peuplade habile à travailler le fer, — chercher de l'or parmi les Maravis.

Toute la côte septentrionale du Zambèze est de beaucoup plus fertile que la côte méridionale. On y trouve des patates douces d'une grosseur énorme, qui dégénèrent bien vite au midi. Les Maravis conservent ces tubercules, qui se gâtent rapidement, dans des silos où ils les enterrent avec des cendres de bois.

§ XV

LES BANYAIS

Par 15° 38' 34" latitude sud, 31° 1' longitude est, on trouve le Zingési, rivière de 60 mètres de large sur un mètre de profondeur, qui présente ce caractère bizarre que, lorsqu'elle est à sec, — et cela arrive les trois quarts de l'année, — en creusant 30 centimètres audessous du lit, l'eau reparaît en nappe sur un lit d'argile au-dessous de la couche de sable, ce qui a fait croire à une rivière souterraîne.

Là, le pays se divise en territoires déterminés, chacun à part, par le cours des nombreuses rivières qui se rendent perpendiculairement au Zambèze. Des lois sur la chasse, très sévères, ont établi qu'un animal tué sur un de ces territoires, et qui va mourir sur l'autre, appartient pour moitié au chasseur, et pour l'autre moitié au propriétaire du sol où il tombe.

Les habitants construisent leurs cabanes sur des échafaudages pour échapper, pendant la nuit, au surprises de l'hyène tachetée, qui s'approche souvent des personnes endormies, leur déchire la figure et même emporte les enfants.

Toutes ces tribus diverses se désignent entre elles par le nom générique de Banyais. Elles forment plusieurs confédération, où chacun des chefs relève de l'un d'entre eux à qui on paye tribut. C'est sur les bords du Tangoué, par 16° 13' 38" latitude sud et 32° 32' longitude est, que se retrouvent le fameux empire du Monomotapa, aujourd'hui bien déchu. De sa splendeur passée, il ne lui reste plus guère qu'un sérail de cent femmes. Mono, Moéné, Mona, Mana ou Moréna signifient *chef* dans la langue des naturels.

Chez les Banyais, en général d'une couleur café au lait de nuance pâle, la blancheur relative de la peau constitue les gradations de la beauté. Leur coiffure les fait ressembler aux types des anciens Égyptiens. Leur toison, nattée en petites mèches avec une écorce d'arbre teinte en rouge, retombe sur les épaules ; mais, en voyage, ils rassemblent tout l'édifice sur le sommet du crâne.

Toute l'influence appartient aux femmes, même dans la vie privée. Cela tient à l'attachement des hommes et aux charmes particuliers des femmes. — Pensez-vous que je puisse quitter une aussi jolie créature ? répondit un Banyai à quelqu'un qui le voulait emmener pour une partie de la journée, n'est-ce pas qu'elle est jolie ?

Mais les idées que ce peuple attache

à l'importance de la lignée y est pour
beaucoup aussi. Les enfants suivent naturellement la femme, à moins que le gen-
dre n'ait acheté du beau-père le droit de
faire lignée lui-même et d'accroître ainsi
la population de son village. Ces tribus ne
reconnaissent point les droits paternels.
Les hommes, d'ailleurs, comme les femmes sont d'un très beau type.

§ XVI

LES LIONS

Le nombre des lions dans ce pays, en
général proportionnel à celui des grands
animaux qu'on y rencontre, doit naturellement être considérable tout le long du
Zambèze; mais, dans le pays des Banyais,

des croyances superstitieuses tendent à exagérer la multiplication de ces félins. Comme, dans plusieurs tribus on est persuadé que les âmes des chefs passent après la mort dans le corps des lions et les animent, on ne les chasse ni ne les détruit : aussi y fuissonnent-ils dans les hautes forêts et dans les grandes herbes. Il y en a qui arrivent à des proportions énormes, à la taille d'un âne commun, avec l'exagération que donne à leur corps le volume de leur crinière pendant presque jusqu'à terre. Les gros animaux sauvages leur font tête pourtant, tels que le buffle, l'éléphant et le rhinocéros, dont ils se détournent.

Les lions se réunissent quand ils veulent attaquer un gros animal à sa croissance; seuls ils ne se jettent guère que sur les jeunes. Encore, s'ils tentent de s'emparer d'un veau de buffle en présence de la mère, la vache fond sur eux, et il n'est pas rare ue les voir, enlevés par les cornes de la bête furieuse, retomber morts sur le coup.

Quand il s'agit d'un troupeau de buffles, les lions se réunissent en bande; mais les buffles se rangent en rond, les cornes en avant. Les mâles sont les premiers et les femelles et les jeunes se placent au milieu ou à l'arrière-garde, si la situation a déterminé à combattre en ligne. Il suffit à un taureau de cette espèce de lancer une fois en l'air le plus vigoureux des lions pour le tuer sur le coup.

Le lion, d'ailleurs, suit la trace de l'homme et le redoute.

Quand Pline raconte que le lion s'arrête une ou deux secondes pour regarder l'homme qui le rencontre, il semble donner à entendre que par là le lion veut faire remarquer sa générosité et son courage; s'il le fait tourner lentement autour de l'ennemi, pour s'éloigner ensuite lentement et en regardant par-dessus son épaule, trotter bientôt et ne se mettre à bondir comme un lévrier qu'au moment où les broussailles le dérobent aux regards, c'est pour marquer combien peu il redoute la lutte et combien il aurait honte de fuir ouvertement. Il lui fait pour ainsi dire un point d'honneur de ces diverses manœuvres.

Le lion s'avance d'un pas furtif. Cette prudence lui est commune avec tous les individus de la race féline. Partout il redoute un piège ou une trappe. On en a vu ne pas oser approcher d'un bœuf ou d'un mouton attachés à un arbre, de peur que ce ne fût l'amorce d'un piége.

Levaillant, qui a parcouru cette contrée et chassé le lion du Cap, s'exprime ainsi, à l'endroit du terrible roi des animaux :

« On ne saurait dire à quel point les chiens les plus hardis tremblent à l'approche du lion. Rien n'est si facile pendant la nuit que de distinguer, à leur contenance, quelle est l'espèce d'animal féroce qui se trouve dans le voisinage. Si c'est un lion, le chien, sans bouger de place, commence à hurler tristement. Il éprouve

7.

un malaise et la plus grande inquiétude; il s'approche de l'homme, le serre, le caresse; il semble lui dire : Tu me défendras. Les autres animaux domestiques ne sont pas moins agités; tous se lèvent, aucun ne reste couché; les bœufs poussent à demi-voix des mugissements plaintifs, les chevaux frappent la terre et se retournent en tous en sens; les chèvres ont leurs signes pour exprimer leur terreur; les moutons, tête baissée, se rassemblent, se pressent les uns contre les autres, ils n'offrent plus qu'une masse et demeurent dans une immobilité totale. Il y eut particulièrement, dit-il en racontant ses angoisses d'une nuit passée chez les Hottentots, plusieurs lions qui, pendant toute la nuit, vinrent rôder autour de mon camp, et remplir d'effroi mes gens et mes animaux; ni nos feux ni nos mousqueteries ne purent les éloigner; ils répondaient avec une sorte de fureur aux rugissements de ceux des environs et semblaient les appeler au carnage et à une attaque faite en force. »

Aussitôt qu'il est repu, le lion s'endort, et il est, dans ce cas, bien facile à expédier. La chasse au lion avec des chiens est d'ailleurs fort peu dangereuse, comparativement à celle du tigre de l'Inde; car, dans cette circonstance, le lion est lancé par la meute qui, le réduisant aux abois, donne aux chasseurs le temps nécessaire pour le viser avec calme et pour le tirer à loisir.

Ajoutons toutefois que Levaillant lui-même avoue qu'il redoute plus le rhinocéros que le lion.

« J'avais déjà vu des rhinocéros, dit-il dans son *Voyage en Afrique*, mais n'ayant alors que mon fusil ordinaire, je m'étais bien gardé de les attaquer. Depuis longtemps on m'avait prévenu sur les dangers qu'on court en irritant un pareil ennemi, et l'expérience m'en a depuis convaincu plus d'une fois. Parmi les animaux d'Afrique, l'éléphant seul est plus fort que lui, et il en est peu dont l'attaque soit plus impétueuse ; aussi il n'en est aucun qui soit aussi dangereux. Le tigre se fait entendre régulièrement tous les jours au lever et au coucher du soleil, et, en avertissant ainsi de sa présence, il prévient de se mettre en garde contre lui. Le lion, dont l'habitude est d'attaquer pendant la nuit, s'annonce par des rugissements ; et d'ailleurs, malgré la férocité de ces deux tyrans du désert, il suffit d'un grand bruit pour les effrayer et les faire reculer ; il n'en est point ainsi du rhinocéros : c'est à la fois un traître que rien n'annonce, un agresseur que rien n'épouvante et un furieux que toute résistance rend implacable. »

La panthère, ou lion tacheté, présente les mêmes caractères dans sa manière d'attaquer. En général, dans les colonies du Cap, on redoute la panthère beaucoup plus que le lion. Celui-ci n'arrive jamais sans s'annoncer par des rugissements affreux ;

il donne lui-même le signal de la défense, comme s'il montrait plus de confiance dans sa force, ou qu'il mît plus de noblesse dans l'attaque. L'autre, au contraire, unit la perfidie à la férocité; il arrive toujours sans bruit, se glisse avec adresse, saisit l'avantage et, sautant sur sa proie, l'enlève avant qu'on se soit douté de son approche. Le lion tacheté de grande taille, que les Hottentots appellent *garougama*, depuis l'extrémité de la queue jusqu'à la moustache, mesure deux mètres et demi sur une circonférence d'un mètre; mais celui-là ne doit être confondu ni avec une autre espèce appelée par les colons *laypar* (c'est le léopard des Français), ni avec une autre plus petite espèce encore qu'ils nomment *tiger-kat* (chat-tigre), et qui est l'ocelot de Buffon. Les chiens chassent la panthère aussi bien que le lion.

Quoiqu'il en soit, le lion, devenu vieux, tue les chèvres dans les villages. S'il habite un pays complètement inhabité, ou s'il a, comme en certains endroits, une crainte salutaire des Bushmen et des Bakalaharis, il se met, aussitôt que la maladie ou la vieillesse lui arrive, à chasser les souris et d'autres petits rongeurs.

A quelque état que soit réduit le lion, les Banyais le respectent jusqu'au bout, fidèles à leurs croyances superstitieuses.

§ XVII

EUROPÉENS ET INDIGÈNES

A Teté, on est en pleine colonie portugaise. Teté est un village bâti sur une pente qui descend jusqu'au Zambèse. Près de là, s'élève la montagne qu'on appelle Karouéira.

Toutes les maisons ont un aspect malpropre et dégradé ; on en compte à peine trente d'européennes, le reste n'est qu'un amas de cabanes construites avec des branches et du pisé. Vingt colons portugais composent la population européenne, en dehors de la garnison de cent cinq hommes.

Un fort, couvert en chaume, qui sert de caserne, quelquescanons en un médiocre état : voilà tout ce qui représente dans ce district, encore éloigné de la côte, la puissance de la métropole.

Dans les environs, sur les bords du Lofoubou, un affluent du Zambèze, on trouve des filons de houille. Le paysage est gai, pittoresque et boisé, mais le pays est désolé par la fièvre.

Les Pères jésuites ont eu longtemps un établissement considérable, à 15 kilomètres sud-est de Teté, à Micombo. Les révérends pères étaient d'habiles trafiquants ; tout entiers à l'objet de leurs entreprises, qu'elle qu'en fût la nature, ils avaient accaparé la plus grande partie du commerce de la province. Outre l'énorme quantité d'or qu'ils avaient fait passer à leur supérieur, résidant à Goa, ils possédaient à Micombo des richesses immenses dont le gouvernement prit possession, lorsque Pombal les fit arrêter.

Le fer abonde dans cette région, et c'est, avec l'or, le seul métal qu'on y ait trouvé jusqu'à présent. On y rencontre quelques pierres précieuses, et certaines régions sont, dit-on, littéralement couvertes d'agates.

Les habitants, comme tous les Cafres, qui forgent eux-mêmes leurs sagayes, travaillent le fer; mais en général, ils ne connaissent du fer que sa malléabilité; leur art ne remonte pas jusqu'à sa première fonte; aussi, la pluplart du temps, est-ce du fer travaillé qu'il leur faut.

Ils tirent admirablement bien parti des vieux canons de fusil, des cercles de tonneaux et de toute autre ferraille de ce genre; ils portent des sagayes de deux espèces : les unes ont la tige de fer unie et tout à fait ronde, les autres, plus artistement, ou plutôt plus cruellement travaillées, ont cette tige carrée : les quatre angles en sont découpés en pointes qui s'inclinent, tandis que les alternes remontent en sens contraire ; ce qui nécessite le déchirement des chairs, soit qu'elles entrent dans le corps, soit qu'on les en-retire.

On ne peut qu'admirer leur patience, lorsqu'on songe qu'avec un bloc de granit ou la roche même qui leur sert d'enclume et un morceau de la même matière pour marteau, on voit sortir de leurs mains des pièces aussi bien finies que si la main du plus habile armurier y avait passé.

Leur soufflet, fait d'une seule peau de mouton, est aussi incommode que ses effets sont impuissants. Il leur faut plus d'une demi-heure pour arriver au rouge que trois minutes d'un soufflet de forge ordinaire suffit à donner au fer.

Quelque primitifs que soient leurs moyens, quelque imparfaits que soient leurs
outils, puisqu'ils battent en mesure le fer
avec des pierres appropriées à l'effet qu'ils
en attendent, ils déploient dans leur art
une adresse des plus merveilleuses.

De Tété on va s'embarquer à Puilimané
pour redescendre de là le Zambèze jusqu'à
la gorge de Lupata. L'impression que ces
montagnes, appelées *l'épine du monde*
par les traditions géographiques, ont pro-
duite sur le docteur Livingstone est en
contradiction avec les relations portugaises.

On les avait toujours présentées comme
d'une hauteur fort imposante. Le missionnaire anglais les compare aux collines
d'Ecosse, telles que les monts Campsie,
au-dessus du niveau de la Clyde. Le versant occidental est le plus élevé, et le docteur ne lui donne pas plus de 200 mètres
au-dessus du niveau du Zambèze. Quoiqu'il en soit, les monts Lupata c'est-à-
dire *défilé entre deux murailles*, se pro-

longent très avant dans la direction septentrionale, jusqu'aux contrées habitées
par les Maganjas; une courbe inclinée
vers le Zambèze la rattache aux Morumbalas, hauteurs d'une belle altitude qui
dominent Senna. La pointe la plus méridionale expire, à l'ouest de Senna, au sud
des Morumbalas, vers le Gorongozo.

En sortant de cette gorge de 200 à 300
mètres de long, le fleuve s'étend sur
plus de 3 kilomètres de largeur, au milieu d'îles nombreuses et fertiles ; à droite
une plaine immense, à gauche de hautes
montagnes.

A trois jours de là on trouve Senna, dans
un état plus déplorable encore que Tété.
Le sol est fertile, mais le pays insalubre.
On y fait le commerce des esclaves, toléré
par les autorités portugaises.

Tout près, le Morumbala élève à 1,200
mètres sa cime volcanique, aussi bien que
les montagnes des Maganjas, qui touchent
au fleuve à la hauteur de Senna. En sui-

vant le Zambèze jusqu'à Mazaro, on trouve à trente milles de Senna, sur la rive droite, l'embouchure du Zangoué, à cinq milles plus bas, celle du Shiri-Mazara est à 18° 3' 37'' latitude sud et 35° 46' longitude est.

Là le Zambèze a plus de 800 mètres de large sans une seule île. L'influence des marées s'y fait sentir jusqu'à 40 et 48 kilomètres de l'embouchure.

Le Zambèze paraît se rendre à la mer par cinq branches principales, dont le Louabo est à la fois la plus méridionale et la plus navigable; le Coumana et deux autres se trouvent placés entre le Louabo et le Kilemané. Le fleuve, entre ces branches, forme un delta rempli d'antilopes et d'hippopotames, comme toutes les rives du Zambèze.

Là on touche à la côte orientale, au milieu des populations cafres et des colonies portugaises.

CHAPITRE III

Madagascar.

Madagascar, séparée du continent africain par le canal de Mazambique est une des plus grandes îles du monde.

Les Portugais, qui la découvrirent en 1506, sous les ordres de Lorenzo Almeida, lui donnèrent le nom de Saint-Laurent; les Français l'appelèrent île Dauphine.

Longue de plus de 1,360 kilomètres et large dans quelques endroits de 480, cette île, quoique comprise presque entièrement dans la zone torride, offre, grâce à l'élévation du sol, la plus agréable variété des saisons et jouit en partie de tous les avantages des climats tempérés. Une double chaîne de montagnes, hautes de 2,400 à 2,600 kilomètres, la parcourt du nord au sud, en renfermant, selon toute probabilité, une sorte de plateau central, qui sépare deux parties maritimes à peu près égales, et donne naissance à une multitude de rivières poissonneuses sujettes à des débordement périodiques. Les plus considérables sont le Mouroundava, sur la côte occidentale, le Mananzari et le Manangara, sur l'Orientale. L'Andévourante est navigable pour des pirogues l'espace de 140 kilomètres. Le Mangourou, l'une des plus belles, sort du lac d'Antsianaxe, qui peut avoir 100 kilomètres de circonférence. Quatre autres lacs, le Rassoi-Bé, le Rassoi-Massaïe, l'Irangue et le Noissi-Bé, prolongent la côte de l'est en communiquant entre eux.

En général, la position de Madagascar à l'entrée de l'océan Indien et vis-à-vis de la côte sud-est d'Afrique, la fertilité, l'élévation progressive et l'exposition variée du terrain, les différentes modifications de l'air qui, dans une étendue de 14 degrés du nord au sud, permettent la culture de tous les végétaux propres au zones chaudes et tempérées ; tout, en un mot, fait de cette grande île l'un des points les plus importants du globe, sous le rapport colonial et commercial. Sr possession est devenue plus précieuse encore depuis la perte de l'île de France, qui d'ailleurs n'aurait jamais suffi à un grand établissement maritime, indispensable à toute puissance qui voudra se fixer dans l'Inde d'une manière avantageuse et solide. Or, Madagascar abonde en mouillages commodes, en bois de construction et en toutes sortes de vivres.

Cette belle île offre une richesse de productions si grande, qu'il faudra bien du temps pour les connaître toutes. Elle est parsemée de cristal de roche ; on en rentre des blocs de la plus grande beauté,

qui ont jusqu'à dix mètres de circonférence :
les sables de l'île, qui ne sont que des
débris de cette roche, donneraient du verre
très blanc : on y trouve des grenats, de
très belles agates noires et plusieurs autres pierres précieuses de moyenne qua-
lité. Les montagnes renferment de l'étain,
du plomb, mais principalement du fer,
dont les naturels exploitaient autrefois les
mines. Il paraît aussi qu'il y en a de cuivre, d'or pâle et d'autres métaux. On trouve
dans la partie occidentale des bancs de sel
gemme. Parmi les plantes, on remarque
le gingembre, le poivre, le curcuma ou
safran des Indes, du tabac très estimé, du
riz et des ignames de plusieurs sortes ; le
sanga-fanga, qui a beaucoup d'analogie
avec le papyrus des anciens. Ce pays fournit en outre quelques bois précieux, tels
que le sandal et l'ébène noir, blanc, vert
et blanc moucheté. La vigne y prospère,
et la canne à sucre vient naturellement.

Le règne animal, comme dans toutes

les îles, offre moins de variété. L'éléphant
et le lion sont inconnus, mais l'antamba
paraît être une espèce semblable au léopard. Le farassa ressemble au chacal. Les
bœufs de Madagascar sont tous des zebous
ou bœufs à bosse de graisse. Quelques-uns
manquent entièrement de cornes ; d'autres
n'ont que des cornes adhérentes seulement
à la peau, mobiles et pendantes. Les autres
animaux remarquables sont les ânes sauvages, aux oreilles énormes, les sangliers,
les chèvres infiniment fécondes, des moutons à grosse queue, le sandréc, espèce de
hérisson bon à manger, la grosse chauve-
souris, dont la chair est fort délicate ; le
makis et l'aï, animal qu'on n'a trouvé que
dans cette île. Les forêts recèlent des bandes de poules, de pintades, de faisans, de
ramiers, d'oies, de canards, de perroquets.
Les sauterelles obscurcissent quelquefois
l'air et servent de friandise aux naturels.
On y trouve quatre espèces de vers à soie
qui suspendent leurs cocons aux arbres.

Les eaux de Madagascar fourmillent de poissons, et la plage abonde en différentes sortes de crustacés et de coquillages.

Nous allons maintenant décrire les diverses provinces ou contrées dans lesquelles cette île est partagée, en descendant d'abord le long de la côte orientale, en passant ensuite aux districts du centre et en terminant par la côte occidentale.

Le pays des Antavarts, c'est-à-dire « peuples du tonnerre, » parce que les orages viennent ordinairement de leur côté, s'étend depuis le cap d'Ambre jusqu'à quelques lieues de Foulpointe, et comprend les grandes baies de Vohemar et d'Antongil, ainsi que l'île Sainte-Marie, appelée dans le pays Nossi-Ibrahim. Il est bien cultivé et fertile surtout en riz.

La province des Bestimessaras ou Betsimicaracs, ou peuples unis, formés par la réunion des Zaphi-Dzabais, des Zaphi-Dieunisois, des Antantsicanes, des Anterouibais et autres, est la plus fréquentée par les Européens. On y achète une grande quantité de riz et de bestiaux. Il y a deux excellentes rades, Foulpointe, où les Français avaient un établissement, et Tamatave, qui réunit peut-être plus d'avantages.

Plus loin, on rencontre les Batinimènes, ou peuples de la Terre-Rouge, autrefois Sicouas, bornés à l'ouest par les Bezonzons et au sud par les Antaximes. C'est la plus belle, la plus fertile et la mieux peuplée parmi les provinces du bord de la mer, et ses habitants sont les plus doux et les plus sociables de toute l'île. Le pays doit en partie sa fécondité à la rivière d'Andevourante, dénommée d'après le chef-lieu des Bétanimènes.

On représente les Antaximes, ou peuples du sud, comme pauvres, grossiers et brigands, sans industrie et sans commerce. Ils négligent même la culture de leur pays, arrosé par les deux plus belles rivières de Madagascar, le Mangourou et le Mananzari. L'air y est beaucoup plus sain que dans

la partie du nord; mais on n'y trouve
aucune bonne rade, et les Européens évi-
tent cette côte inhospitalière.

Le pays des Antambasses s'étend à
l'extrémité sud-est de l'île, depuis la baie
de Sainte-Luce jusqu'à l'extrémité de la
vallée d'Amboule, l'espace d'environ 100
kilomètres et autant du nord au sud. Sian-
gourih en est la capital . Les hommes
sont grands, robustes toujours gais, doux
et généreux, mais paresseux à l'excès et
dans la plus affreuse misère. Les femmes,
en général, n'atteignent pas la taille que
la nature semble leur avoir assignée:
comme ailleurs, elles sont pour l'ordinaire
laides et disgracieuses. L'anse Dauphine
est sur la côte.

Les Antanosses, au sud, et les Taissam-
bes, à l'ouest, étaient réunis autrefois en
un seul corps de nation, avec les Antambasses.

Passons aux tribus de l'intérieur. Les
Antambanivouls ou Ambanivoules, c'est-

à-dire les habitants du pays des bambous, moins corrompus que les peuples du bord de la mer, passent chez ceux-ci pour grossiers. Pasteurs et cultivateurs, s'ils manquent d'usage, au moins ils n'ont pas de vices.

Les Antsianakes demeurent depuis les sources du Manangoura jusqu'aux confins du pays des Antavarts. Leurs villages sont bien policés et assez bien bâtis, et leurs plantations de riz bien entretenues.

La province des Bezonzons ou Besombsons comprend quatorze villages dans une vallée ceinte de hautes montagnes qui les séparent, à l'est des Bétanimènes et, à l'ouest, des Antancayes. Le voyageur est surpris, en franchissant ces montagnes, de voir à ses pieds des plaines bien cultivées et arrosées d'un grand nombre de ruisseaux, et d'y trouver une réunion d'hommes totalement isolés, vivant en paix, jouissant des douceurs de la vie sans en craindre les vicissitudes.

8.

La province d'Ancove est bornée à l'est par le Mangourou, touche à l'ouest au pays de la reine de Bombétoc et à la province de la baie Saint-Augustin. Ce pays jouit d'un ciel pur et sain, mais froid. La population y est prodigieuse; les plaines sont semées de villages, et les crêtes des montagnes en sont couvertes. Tananarive, capitale de cette province, est aussi aujourd'hui la capitale de l'île de Madagascar; elle renferme 50,000 habitants. C'est le siège du gouvernement de la reine Ranavola-Manjoka.

De toutes les castes qui sont dispersées sur la surface de Madagascar, celle des Hovas est la seule qui se rapproche de nous par ses connaissances dans les arts.

Ils travaillent en métal aussi bien que les Européens, et contrefont avec une grande facilité la plupart des objets de fabrique étrangère qu'on leur montre.

Les Andrantsayes, peuples pasteurs, brutes et lâches, qui avoisinent les Hovas au sud, sont une des peuplades les plus faibles et les plus insignifiantes de Madagascar.

Nous ferons maintenant le tour de la côte méridionale et occidentale. Après la contrée des Antanosses, ou la province Carc-Anossi, terminée par la rivière de Mandrerei, on trouve sur la côte les trois pays d'Ampatris, des Mahafalles et de Caremboules, tous les trois peu cultivés, mais riche en bois et en pâturages. Dans l'intérieur des terres habitent les Machicores.

La région, appelée par les navigateurs province de la baie de Saint-Augustin, est la moins connue. La côte, qui est basse et sablonneuse, porte le nom indigène de Sivéh. Les habitants sont nommés Buques.

La baie de Mouroundava reçoit une grande rivière du même nom, mais qu'on appelle aussi Ménabé. Les Vohits-Anghombe, qui habitent près les sources du

Ménabé, nous paraissent identiques avec les habitants d'Ancove.

Toute la côte, depuis Mouroundava, au sud, jusqu'à Ancouala, au nord, appartient aux Séclaves. Ce pays, rempli de plaines et de prairies, nourrit une quantité prodigieuse de bestiaux. Mouzangaye, ville bien policée et peuplée de 30,000 âmes, parmi lesquelles 6,000 Arabes et Indiens paraissaient n'être que sous la protection de la reine. Le port était fréquenté par des vaisseaux de Surate, qui y apportaient des toiles en échange de la poudre d'or. Il y a des mosquées, des maisons d'éducation, des ouvriers en tout genre.

La population totale de Madagascar s'élève à quatre millions. Elle se compose de plusieurs races.

La civilisation a fait d'immenses progrès à Madagascar depuis cinquante ans; l'île entière, dont les diverses provinces étaient autrefois gouvernées par une foule de petits chefs, forme aujourd'hui un royaume renfermant, comme nous l'avons dit, quatre millions d'habitants. Le siège du gouvernement est à Tananarive, ville de 50,000 habitants, où trône présentement la reine Ranavola Manjoka. Cette capitale possède une imprimerie, un collége et plusieurs écoles inférieures. Tamatave, seconde ville du royaume, est bien fortifiée, très commerçante, et possède une bonne rade.

Les Européens, qui, jusqu'à ces derniers temps, n'avaient pu former aucun établissement dans cette île, commencent à y prendre pied, et le commerce y prend chaque jour plus d'importance. L'industrie n'y étant encore que fort peu développée, l'exportation ne se compose que de bestiaux, peaux et cuirs de bœuf, suif, salaisons, volailles, riz, gomme copale, écailles de tortue, bois d'ébène, ambre gris, cire. — L'importation consiste principalement en toile de coton, indiennes, armes, bijoux et verroterie.

Le christianisme, qui fait des progrès rapides dans ce pays depuis trente ans, ne peut manquer de le rendre bientôt digne d'être compté au nombre des Etats civilisés.

FIN

TABLE DES MATIÈRES

CHAPITRE PREMIER

NOTIONS GÉNÉRALES SUR L'AFRIQUE

CHAPITRE II

L'AFRIQUE AUSTRALE

CHAPITRE III

Limoges. — Imp. Marc BARBOU et Cⁱᵉ.

www.ingramcontent.com/pod-product-compliance
Lightning Source LLC
Chambersburg PA
CBHW060147100426
42744CB00007B/938